"十四五"职业教育国家规划教材

Qiche Kongtiao Xitong Weixiu Gongzuoye

汽车空调系统维修工作页

（第3版）

林志伟　冯明杰　王　海　主编

人民交通出版社股份有限公司
China Communications Press Co.,Ltd.

内 容 提 要

本书的目的是培养汽车运用与维修专业学生胜任汽车售后服务企业中对汽车空调进行维护、检修和故障诊断等工作的能力。全书由 7 个学习任务组成，即汽车空调的使用与维护、制冷系统的清扫补给作业、制冷系统元件的诊断与维修、电磁离合器控制电路的故障诊断与排除、手动空调送风系统的检测与维修、自动空调电控系统的检测、制冷不足的故障诊断与排除。

本书既可作为职业院校汽车运用与维修专业学生的教学用书，也可作为职业技能的岗位培训和其他从事相关专业人员的参考书。

图书在版编目(CIP)数据

汽车空调系统维修工作页/林志伟,冯明杰,王海主编.—3 版.—北京:人民交通出版社股份有限公司,2020.1

ISBN 978-7-114-15871-1

Ⅰ.①汽… Ⅱ.①林…②冯…③王… Ⅲ.①汽车空调—车辆修理—高等职业教育—教材 Ⅳ.①U472.41

中国版本图书馆 CIP 数据核字(2019)第 227060 号

书　　名:	汽车空调系统维修工作页(第 3 版)
著 作 者:	林志伟　冯明杰　王　海
责任编辑:	李　良
责任校对:	孙国靖　扈　婕
责任印制:	刘高彤
出版发行:	人民交通出版社股份有限公司
地　　址:	(100011)北京市朝阳区安定门外外馆斜街 3 号
网　　址:	http://www.ccpcl.com.cn
销售电话:	(010)59757973
总 经 销:	人民交通出版社股份有限公司发行部
经　　销:	各地新华书店
印　　刷:	北京建宏印刷有限公司
开　　本:	880×1230　1/16
印　　张:	10.5
字　　数:	323 千
版　　次:	2008 年 10 月　第 1 版
	2013 年 8 月　第 2 版
	2020 年 1 月　第 3 版
印　　次:	2024 年 5 月　第 3 版　第 3 次印刷　总计第 15 次印刷
书　　号:	ISBN 978-7-114-15871-1
定　　价:	30.00 元

(有印刷、装订质量问题的图书,由本公司负责调换)

中等职业学校汽车类专业
新课程教学用书

主　　　编　刘建平　辜东莲
顾　　　问　赵志群

编 委 会

主 任 委 员　周炳权　胡学兰
副主任委员　刘建平　张燕文　辜东莲
编　　　委　(按姓氏笔画排序)

叶伟胜	冯明杰	刘付金文	刘桂松
刘　毅	朱伟文	齐忠志	何　才
何媛嫦	张东燕	张　发	张琳琳
李　琦	邱志华	邱志成	陆宝芝
陈万春	陈高路	陈楚文	麦锦文
巫兴宏	庞柳军	林文工	林志伟
林夏武	林根南	林清炎	林鸿刚
武　华	武剑飞	段　群	胡炳智
赵中山	唐奎仲	唐蓉芳	徐正国
萧启杭	曾晖泽	赖　航	蔡北勤
鞠海鸥	魏发国		

序

看过人民交通出版社发给我的由刘建平和辜东莲两位老师主编的"中等职业学校汽车运用与维修专业新课程教学用书"系列教材样稿后,不禁感慨万千。汽车维修专业课程改革在我国已经开展多年了,如何打破传统的"基础课、专业基础课、专业课"的三段式模式,以及改变以"教师、教室、教材"为核心的三中心特征,一直以来备受关注。虽然有许多学校都在尝试着改革,也取得了许多可喜的成果,但真正意义上的突破还是不多。这套教材的出现真正让我有了一种"久旱逢甘雨"的感觉。记得2004年6月应广州市交通运输职业学校之邀,我参加了该校模块化教学改革研讨会,参观学校模块化教学实训中心,并与老师们一起讨论模块化教材编写,那次接触让我看到了这所学校在汽车维修专业改革中"敢为人先"的闯劲。现在看到教材样稿果然不同凡响,再次让我感受到广州市交通运输职业学校在汽车维修专业改革上的不断创新精神。

汽车维修中职教育首先有着明确的培养目标,那就是培养当代汽车维修技术工人。怎样把学生培养成合格的人才是汽车维修中职教育的关键所在,而在教学过程中理论与实践结合应该采取何种形式又是问题的要点所在。汽车维修教学中理论与实践结合往往容易出现重视形式上的结合,忽视实质上结合的问题,例如:将汽车构造教材与汽车维修教材简单地合编成"理实"结合在一起的教材,还有将教室直接搬到实训中心内的形式上的"理实"结合等。真正的"理实"结合应该是根据培养对象和培养目标来确定的有着实际内涵的"理实"结合。这套教材以汽车维修实际工作任务为核心,将专业能力与关键能力培养、学习过程与工作过程融为一体,以此展开相关联部分的系统结构、系统原理、维修工艺、检验工艺、工具量具使用、技术资料查阅以及安全生产等内容的"理实"一体化教学。这种方式首先以动手解决具体问题为目标,这样可以极大地调动学生的学习兴趣,学生在学习技能的同时,将必要的理论知识结合在实践过程中一起学习,让学生不仅掌握怎么做的要领,还教给学生为什么这样做的道理。在这种模式中,学生是为了更好地理解所要完成的学习任务才去学习相关理论知识的,这就调动了学生学习理论知识的主动性。学生在学习并完成了实用的汽车维修工作任务后,激发出来的职业成就感,必然会使学生重建因学会工作的内容而久违了的自信心,这正是我们职业教育最应该达到的教学效果。

我为这套教材所呈现的课程模式感到由衷的高兴,并对付出辛勤劳动撰写这套教材的每一位老师表示由衷的感谢。我真诚地希望这套教材能够为我国汽车维修专业改革送上一股不断创新的强劲东风,为创造出更加适合我国国情的汽车维修专业课程模式投石问路,为汽车维修职业教育的发展锦上添花。

朱 军

第3版前言

依据设计导向的职业教育思想,以培养学生综合职业能力为目标,以工作过程系统化为教学原则,广州市交通运输职业学校组织专家与老师编写了"中等职业学校汽车类专业新课程教学用书"。该套教学用书采用工作页的编写模式,以工作过程系统化课程构建、理论实践一体化教学实施和丰田、通用等校企合作项目开展为教学实践基础,是一套符合职业成长规律的工学结合课程教学用书。

本套教学用书自2007年9月首次出版以来,获得社会各界的一致好评,并于2013年修订再版。2012年,本套教材申报教育部"中等职业教育改革创新示范教材",有多本教材入选,2014年以本套教材为核心成果的"基于能力培养的中职汽车运用与维修专业工学结合课程研究与实践"获评国家级教学成果一等奖。这也证明了本套教材不论在教学理论、教学内容,还是教学组织形式上,都具有较强的改革创新特性,值得向全国广大的职业院校进行推广。

该套教学用书重点强调对学生自主学习能力培养,旨在使学生在完成典型工作任务的过程中,学会学习,学会工作。在处理学生与教师的关系、学习目标、课程内容、学习过程和学业评价等方面,该套教学用书具有如下特点:

1. 学生有学习的空间

首先,学习之初所明确的具体学习目标和学习内容可使学生随时监控自己的学习效果,自我评价和他人评价的结合为实现个性化的学习创造了条件;其次,体系化的引导问题强化了学生的主体地位,给学生留下充分思考、实践与合作交流的时间和空间,使学生亲身经历观察、操作、交流和反思等活动;再次,工作页中并不全部直接给出学习内容,而是需要学生通过开放性的引导问题和拓展性学习内容去主动获取,旨在培养学生的自主学习能力,从而使学生能够进一步理解技术知识并提高解决问题的能力;最后,尽量营造接近现实的工作环境,从栏目设置、文字表达、插图到学习内容的安排,都鼓励学生去主动获得学习和工作的体验。

2. 教师角色的多元化

本套教材在明确学习目标的情况下,通过引导问题来提供与完成学习任务联系十分紧密的知识,为教学组织与实施留下许多的创造空间。需要教师转换角色,从一名技术知识的传授者,转化为提高学生综合职业能力的促进者、学习任务的策划者、学习行动的组织动员者、学习资源的提供者、制定计划与实施计划的咨询者、学习过程的监督者以及学习绩效的评估和改善者,即教师的多元化角色。因此,建议在教学实施中,由教师团队共同负责组织教学。

3. 学习目标的工作化

学习目标就是工作目标,既能体现职业教育的能力要求,又能具有鲜明的工作特征。这里的能力不仅仅强调"操作性"与"可测量性",是具有专业内容的综合职业能力,包括专业能力和关键能力,既有显性的、可测量和可观察的工作标准要求,也含有隐性的、不可测量的能力和经验成分。与此同时,学习目标不但具有适度开放的空间,既不拘泥于当前学校或企业的状况,还能充分体现出职业生涯成长的综合要求。

4. 课程内容的综合化

课程内容的综合化体现在:一方面,每个学习任务的内容都具有综合性的特征,既有技能操作,也有知识学习,是工作要求、工作对象、工具、方法和劳动组织方式的有机整体,反映了工作与技术、社会和生活等的密切联系;另一方面,反映典型工作任务的学习任务也具有综合性的特征,要求每个学习任务的内容虽相互独立但又具有内在的联系。

5. 学习过程的行动化

行动化的学习过程首先体现在行动的过程性,让学生亲身经历实践学习和解决问题的全过程,在实践行动中学习,而非以往那种完成理论学习后再进行实践的学习过程;其次是行动的整体性,无论学习任务的大小和复杂程度如何,每个学习任务都要学生完成从明确任务、制定计划、实施计划、检查控制到评价反馈这一完整的工作过程;再次,有尝试新行动的实践空间,尽量创造条件让学生探索解决其未遇到过的实际问题,包括独立获取信息、处理信息,整体化思维和系统化思考。

6. 评价反馈的过程化

过程化首先体现在评价反馈是完整学习过程的一部分,是对工作过程和结果的整体性评价,是学习的延伸和拓展;其次在计划与实施环节中,工作的"质量控制与评价"贯穿于整个过程。过程化的学习评价可帮助学生获得初步的总结、反思及自我反馈的能力,为提高其综合职业能力提供必要的基础。

随着汽车技术的升级换代,综合参考全国各地职业院校和出版社反馈的使用意见,编写组在第2版基础上进一步修订,"中等职业学校汽车运用与维修专业新课程教学用书(第3版)"得以与社会各界见面。与第2版相比,本版教材作了如下改进:

(1)车型技术进行了更新升级。本套教材仍然以丰田卡罗拉车型为主要技术载体,从2010款卡罗拉车型升级为2014款卡罗拉车型,紧跟市场变化。

(2)通过学习拓展等方式增加新技术。删减了已逐渐淘汰的汽车技术,通过学习拓展等方式新增了ESP、车载局域网、汽油机缸内直喷、空调电动压缩机、电池能源管理系统等技术。

(3)对第2版中的错漏部分进行了修订。

(4)重要知识点旁配置了二维码,扫码可观看该知识点的动画或视频,可使教学更加立体化。

(5)每个任务设置思政小课堂,融入社会"大课堂",发挥课堂德育功能,铸魂育人。

本套教材由广州市中等职业教育地方教材建设委员会组织编写,广州市教育局教学研究室和广州市交通运输职业学校共同主持实施,并得到了人民交通出版社股份有限公司的指导,丛书主编为广州市交通运输职业学校刘建平和广州市教育局教学研究室辜东莲,特邀北京师范大学技术与职业教育研究所所长赵志群为课程设计顾问。

本书由广州市交通运输职业学校林志伟、冯明杰、王海主编。其中,林志伟编写学习任务1、学习任务3、学习任务7,冯明杰编写学习任务2、学习任务6,王海编写学习任务4、学习任务5,全书由林志伟、冯明杰统稿。广东物资集团穗丰汽车销售服务有限公司李建总经理、广州市速到达汽车维修有限公司欧阳汝山总经理对本书的编写提供了技术支持。

由于教材编写组的编写工作是在不断的实践和理论学习过程中进行,正处于不断的学习与更新过程中,难免有不妥之处,还请使用本书的广大师生不吝批评指正。

编 者
2019年8月

致同学

亲爱的同学,你好!

欢迎你就读汽车运用与维修专业!

在我国,汽车产品、技术日新月异,汽车快速普及,汽车行业迅速发展,汽车维修技术人员已成为技能型紧缺人才。作为未来的汽车维修技术能手,你将如何迎接这一挑战?在此,希望我们的新课程工作页能够为你的职业成长提供帮助,为你职业生涯打下坚实的基础。

与你过去使用的教材相比,你手里的工作页是一套全新的教学材料,它能帮助你了解未来的工作,学习如何完成汽车维修中重要的典型工作任务,并能按照职业成长规律促进你的综合职业能力发展,使你快速成为令人羡慕的汽车维修技术能手!

为了让你的学习更有效,希望你能够做到以下几点:

一、主动学习

要知道,你是学习的主体。工作能力主要是靠你自己亲自实践获得的,而不仅仅是依靠教师在课堂上讲授。教师只能为你的学习提供帮助。比如说,教师可以给你解释汽车发生的故障,向你讲授汽车维修的技术,教你使用汽车维修的工具,为你提供维修手册,对你进行学习方法的指导。但在学习中,这些都是外因,你的主动学习才是内因,外因只能通过内因起作用。职业成长需要主动学习,需要你自己积极地参与实践。只有在行动中主动和全面地学习,才能很好地获得职业能力。因此,你自己才是实现有效学习的关键所在。

二、用好工作页

首先,你要了解学习任务的每一个学习目标,利用这些目标指导自己的学习并评价自己的学习效果;其次你要明确学习内容的结构,在引导问题的帮助下,尽量独立地去学习并完成包括填写工作页内容等在内的整个学习任务;再次,你可以在教师和同学的帮助下,通过查阅维修手册等资料,学习重要的工作过程知识;最后,你应当积极参与小组讨论,去尝试解决复杂和综合性的问题,进行工作质量的自检和小组互检,并注意规范操作和安全要求,在多种技术实践活动中形成自己的技术思维方式。

三、把握好学习过程、学习内容和学习资源

学习过程是由学习准备、计划与实施和评价反馈所组成的完整过程。你要养成理论与实践紧密结合的习惯,教师引导、同学交流、学习中的观察、动手操作和评价反思都是专业技术学习的重要环节。

本课程的学习内容以丰田和大众汽车空调维修为主线,兼顾大多数汽车空调维修的技术要求。

学习资源可参阅人民交通出版社的《汽车空调实务——双色精品汽车教材》(林振江,2006)、《汽车空调》(陈立辉,2004)、《丰田卡罗拉维修手册》(丰田汽车公司,2014)。此外还要经常阅览汽车空调系统检测与维修网页,学习最新的技术和实际维修的技术通报,拓展你的学习范围。

你在职业院校的核心任务是在学习中学会工作,这要通过在工作中学会学习来实现,学会工作是我对你的期待。同时,也希望把你的学习感受反馈给我们,以便我们能更好地为你服务。

预祝你学习取得成功,早日实现汽车维修技术能手之梦!

编 者
2019 年 8 月

学习任务1　汽车空调的使用与维护 ·· 1
学习任务2　制冷系统的清扫补给作业 ·· 27
学习任务3　制冷系统元件的诊断与维修 ·· 60
学习任务4　电磁离合器控制电路的故障诊断与排除 ································ 87
学习任务5　手动空调送风系统的检测与维修 ··· 112
学习任务6　自动空调电控系统的检测 ·· 121
学习任务7　制冷不足的故障诊断与排除 ··· 147
参考文献 ·· 158

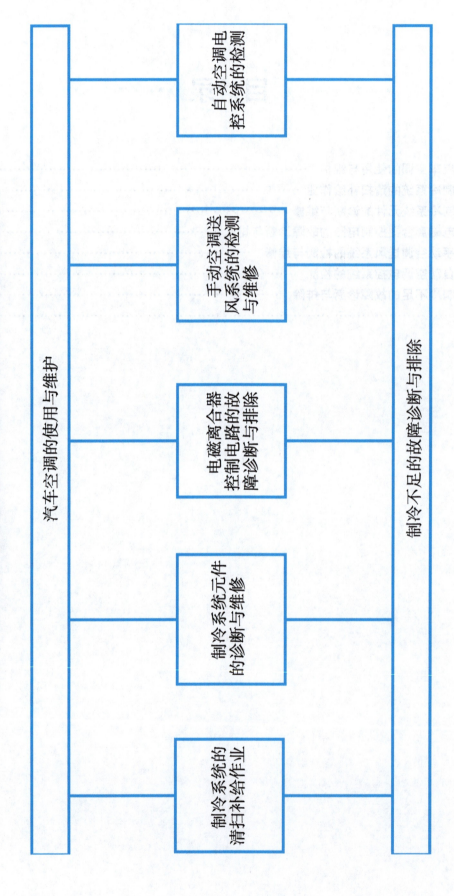

学习任务 1　汽车空调的使用与维护

> **三维目标**
>
> ☞ **知识目标：**
>   1. 叙述汽车空调的基本组成；
>   2. 解释汽车制冷系统的组成与工作原理，区别各种形式的制冷系统。
>
> ☞ **技能目标：**
>   1. 运用汽车空调的工作原理，向客户提出正确使用和维护汽车空调的建议；
>   2. 在教师指导下根据计划规范完成汽车空调的维护作业。
>
> ☞ **素养目标：**
>   1. 在规范完成汽车空调的维护作业过程中展示达成客户满意之美；
>   2. 展示对"专业对车、诚以待人"的汽车售后服务意识，养成敬业奉献、服务人民的精神。
>
> **建议完成本学习任务为 14 学时**

内容结构

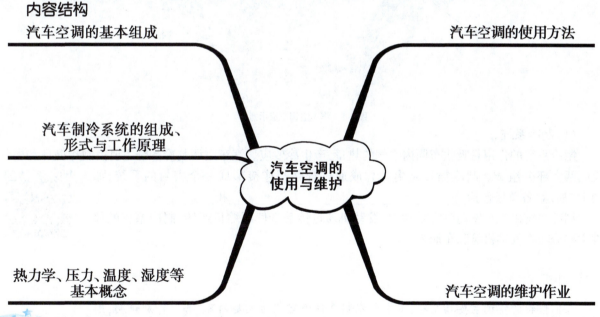

学习任务描述

车辆需要进行整车维护作业。请按专业水平维护汽车空调，并向客户提出正确的使用方法和维护建议。

汽车空调的基本功能是用人为的办法使人在车厢中感受到舒适的温度，即在夏天能使车厢降温（即制冷）、冬天能使车厢升温（即采暖），并要求尽可能满足"头凉足暖"的循环送风原则。当车内空气混浊时能补充新鲜空气或净化空气。

由于汽车空调装置是随着汽车行驶的,所以不论空调启动与否,都有可能遭到损坏。正确使用和操作汽车空调将大大减少故障的出现,提高驾驶舒适性和行车安全性。

一、学习准备

1. 汽车空调的作用是提高乘坐的舒适性和驾驶的安全性。一套运行良好的汽车空调装置由哪些系统组成?各系统有什么作用?

1)汽车空调装置的组成和作用

汽车空调由各系统组成,如图1-1所示。请在所维护的车辆上找出空调装置的各系统,并分析各系统的作用。

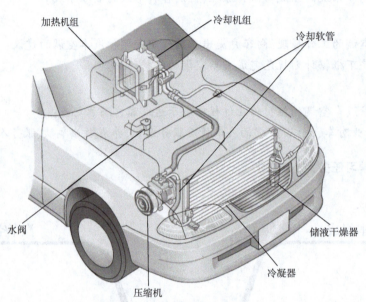

图1-1 汽车空调组成示意图

(1)制冷系统。

制冷系统的作用是吸收车厢内空气的热量,产生冷效应。汽车空调制冷系统主要由制冷循环和电气控制两大部分组成。制冷循环是由各总成通过管路相连接形成一个密封的系统,如图1-2所示,各总成包括_____、_____、_____、_____和_____等。

制冷系统由汽车发动机提供动力,发动机通过传动带使压缩机运转,制冷系统的部件主要分布在发动机舱和车厢内。

小提示

人们俗称的空调主要指制冷,本书也以制冷作为空调的主要内容,若无特别说明,则空调主要指制冷。

(2)采暖系统。

采暖系统的作用是对车厢内的空气加热,使车厢温度上升。如图1-3所示,采暖系统由_____、_____和操纵系统等总成组成。汽车采暖系统是以_____作为热源进行采暖。

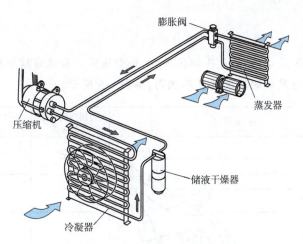

图1-2 制冷循环的组成

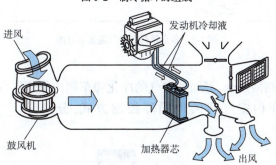

图1-3 采暖系统的组成

📁 **小提示**

现代轿车及货车上常将制冷与采暖合成一套装置,称为全空调装置,此时制冷系统与采暖系统共用一套风机及操纵设施。

(3)送风系统。

观察空调控制面板,可见空调有各种的送风模式、温度调节功能,如图1-4所示,送风系统由_____等组成。

送风系统的作用是_____。

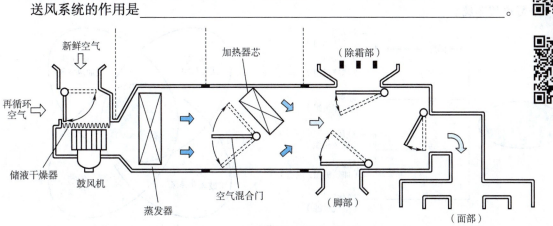

图1-4 送风系统的组成

小提示

汽车空调一般有三个送风口,分别是头部送风口、脚部送风口和风窗玻璃除霜送风口。为满足"头凉足暖"的循环送风原则,各送风口的送风温度不相同,如图1-5所示。

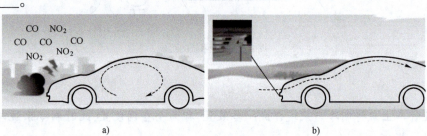

图1-5 各送风口的空气温度示意图

(4)空气净化系统。

汽车空调的空气净化包括两部分:车厢外空气的净化和车厢内循环空气的净化。如图1-6所示,汽车空调的车内空气有两种循环控制方式,分别是_____和_____。

图1-6 空气的两种循环控制方式

小提示

如图1-7所示,汽车空调作用是通过整体或局部地调节车厢内空气的温度、湿度、气流和洁净度,为乘客创造一个舒适的环境。

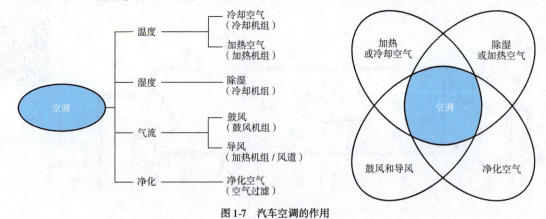

图1-7 汽车空调的作用

2)汽车空调分类

图1-8所示为车厢内的空调机组。根据汽车空调机组安装的位置不同,观察所维护的车辆属于哪种形式的汽车空调?＿＿＿＿＿＿＿＿＿＿＿＿

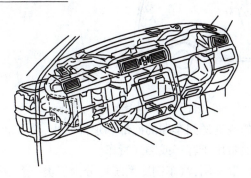

图1-8　空调机组的外观

(1)前置空调机组。

如图1-9所示,前置空调机组的安装位置在＿＿＿＿＿＿＿＿＿＿＿＿。

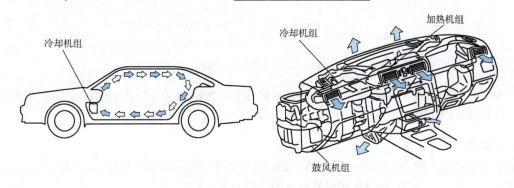

图1-9　前置空调机组的安装位置

(2)后置双空调机组。

如图1-10,后置空调机组的安装位置在＿＿＿＿＿＿＿＿＿＿＿＿。

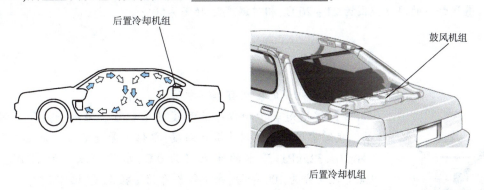

图1-10　后置空调机组的安装位置

后置空调机组和前置空调机组一起使用,可以达到最佳的环境温度控制,这种空调系统被称作后置双空调机组。

(3)顶置双空调机组。

如图1-11所示,顶置双空调机组的安装位置在＿＿＿＿＿＿＿＿＿＿＿＿。

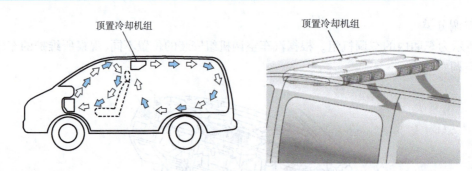

图1-11 顶置空调机组的安装位置

顶置双空调机组将处理后的空气送到车厢的前部和顶部吹出,使车厢内的空气分布均匀从而产生一个最佳的环境。顶置双空调机通常用于客车或厢式货车。

根据汽车空调机组安装的位置不同,汽车制冷系统可分为三类,请完成图1-12。

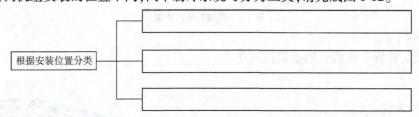

图1-12 汽车空调按安装位置的分类

 2.汽车空调最重要的作用是调节车厢内空气的温度,要了解空调设备是如何工作的,首先必须了解热的本质,热是如何进入车厢内的?

1)热和温度

热是能量的一种。所有的物体都含有热,当某物体的温度比人的体温高时,人会感到_____;反之,会感到_____。空调是控制和调节温度的一种装置。

 小提示

普通人感觉舒适的温度范围为21~26℃,相对湿度为45%~50%。

 小提示

温度和热量的区别有如下方面。

(1)温度是表示物体冷热程度的物理量。温度一般用各种温度计测量。我国常用的温度制是摄氏温度,单位符号是℃。它是把1标准大气压(即101.325kPa)下水的冰点定为0℃,水的沸点定为100℃。在0℃和100℃之间分为100等份,每1等份即为1摄氏度,记作1℃。

(2)热量是由于系统中工质与外界存在温度差,通过热传递工质与外界交换的非功形式的能量。显然,热量也是工质能量变化的一种量度。在热力学中,热量的单位与功和能量的单位相同,也是焦(J)或千焦(kJ)。过去工程上热量的单位有的用卡(cal)或千卡(kcal,习惯上又称为大卡)。1kcal的热量可以将1kg水的温度提高1℃(海平面上),如图1-13所示。

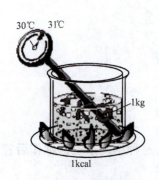

图1-13 1kcal热量的作用示意图

小词典

工质：在制冷与空调工程中，热能与机械能的转换或热能的转移，都要借助于某种携带热能的工作物质的状态变化来实现，这类工作物质被称为工质。

2) 热传递

热传递是热量从高温物体传递到低温物体，或者从物体的高温部分传递到低温部分的过程。发生热传递的唯一条件是物体间存在温度差，与物体的状态、物体间是否接触无关。热传递的结果是消除温差，即发生热传递的物体间或物体的不同部分间达到相同的温度。如图1-14所示，当一杯热咖啡（90℃）在空气中放置一段时间后，它会变_____（冷/热），热咖啡的热量会自觉地传递到周围相对较冷的空气（25℃）中。放置足够长的时间后，这杯咖啡的温度_____（能/否）达到环境温度。

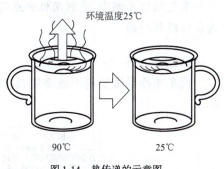

图1-14 热传递的示意图

 小词典

热传递有热传导、热对流和热辐射三种方式。

(1) 热传导：由于大量分子、原子或电子相互碰撞，使能量从物体的高温部分传至低温部分的过程。热传导是固体中热传递的主要方式，在气体和液体中，热传导往往与对流同时发生。

(2) 热对流：靠液体或气体的自然流动，使能量从高温部分传至低温部分的过程。对流是液体和气体热传递的主要方式。

(3) 热辐射：物体不依靠任何媒质，直接将能量以电磁辐射的形式发出，传给其他物体的过程。热辐射是远距离热传递的主要方式。

如图1-15所示，一辆汽车在太阳下行驶或者停驶时，多种热源的热量可能进入车厢内，使车内温度上升。这些热源包括：_____。要提高车辆的制冷效果，通过各种隔热手段来减少外界热源进入车厢是必不可少的措施。

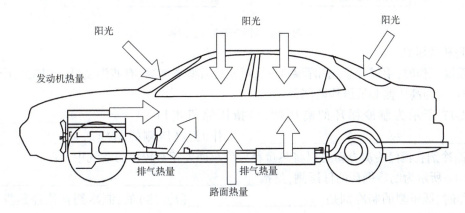

图1-15 汽车与外界环境热交换

3. 目前使用最广泛的制冷方法是蒸气压缩式,制冷的目的就是把热量"带走",汽车制冷系统是如何实现该功能的?

小词典

蒸气压缩式制冷:是利用低沸点的液态工质(如氟利昂等制冷剂)沸腾汽化时,从制冷空间介质中吸热来实现制冷的。

1)制冷循环

汽车制冷系统是利用液态制冷剂汽化的吸热性能来实现制冷的,制冷循环的工作过程如图 1-16 所示。

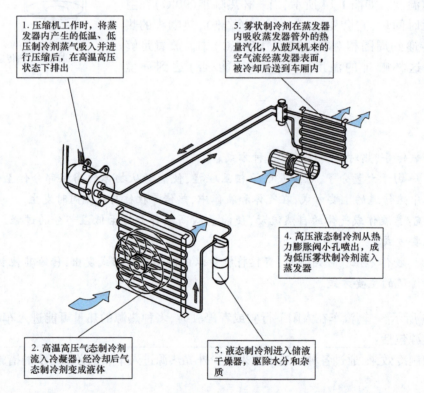

图 1-16 制冷循环的工作过程

2)高压侧和低压侧

在制冷系统工作时,手摸各总成和管路表面,可发现有些温度高、有些温度低。根据制冷循环的工作原理,制冷循环分为高压侧和低压侧两部分。

(1) 图 1-17 所示为制冷循环的高压侧,是指压缩机出口→_____→_____→_____。工作时,高压侧的制冷剂是_____(冷/热)的,制冷剂在流经冷凝器时可以将热量释放到车厢外相对较冷的空气中。

(2) 图 1-18 所示为制冷循环的低压侧,是指_____→_____→压缩机入口。工作时,低压侧的制冷剂是_____(冷/热)的,制冷剂在流经蒸发器时能吸收车厢内空气中的热量。

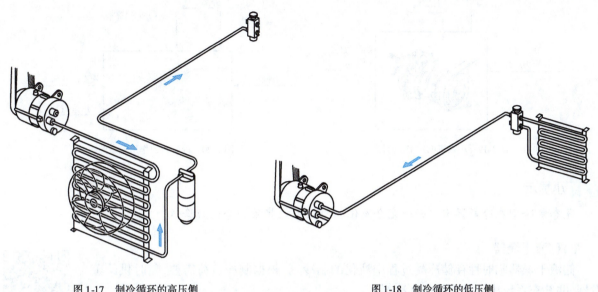

图 1-17　制冷循环的高压侧　　　　　　　　图 1-18　制冷循环的低压侧

 4.压缩机、冷凝器、储液干燥器、热力膨胀阀和蒸发器是制冷系统的重要组成部件,各部件的作用是什么?

1) 压缩机

压缩机吸入在蒸发器中被蒸发的制冷剂气体并对其进行压缩,使其在冷凝器中容易液化,制冷剂在压缩机中被压缩后即变成高温高压气体。

如图 1-19 所示,压缩机的作用:

循环泵的作用,即_____;

压缩泵的作用,即_____;

抽吸泵的作用,即_____。

现代汽车压缩机的工作与发动机工况有关,受发动机电控单元控制。

📘 小提示

压缩机是制冷系统的心脏,通过传动带和电磁离合器由发动机来驱动;压缩机的制冷能力取决于汽缸的有效工作容积和传动比。

2) 冷凝器

冷凝器是一种热交换器,尽可能利用车辆迎面风来提高其散热效果。因此,冷凝器的安装位置一般在车辆的_____部。

如图 1-20 所示,冷凝器的作用是将制冷剂由_____态转变成_____态,释放制冷剂所含的_____,通过风扇将风吸入并吹过散热装置,以利于排出_____。

制冷系统工作时来自压缩机的制冷剂以_____温_____压的_____态形式从_____(顶/底)部进入冷凝器。经过冷凝器时,制冷剂释放它所含的大量_____并凝集在底部;在冷凝器出口,制冷剂处于_____压_____温_____态。

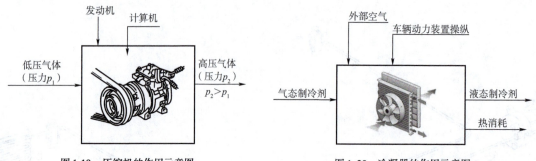

图1-19 压缩机的作用示意图　　　　图1-20 冷凝器的作用示意图

小提示

气态制冷剂在冷凝器出口必须完全液化,否则,可能导致制冷能力降低。

3)储液干燥器

储液干燥器临时性存储冷凝过程中液化的制冷剂,根据制冷负荷需要,随时供给蒸发器,并补充系统中微量渗漏的制冷剂。

储液干燥器安装在_____之间。如图1-21所示,其作用是:_____、_____、_____和缓冲。

小提示

储液器有储液干燥器和集液器两种。

4)节流装置

如图1-22所示,节流装置的作用是:降低流过制冷剂的压力,将系统分隔为_____侧和_____侧;同时通过阀门的喷射,使高压液态制冷剂变成容易蒸发的_____雾状制冷剂。节流装置有热力膨胀阀和节流管两种类型。

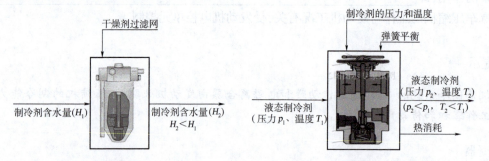

图1-21 储液干燥器的作用示意图　　　　图1-22 膨胀阀的作用示意图

热力膨胀阀除节流降压还能起到以下作用:根据蒸发器出口处气态制冷剂的温度状况,调节进入蒸发器中液态制冷剂的_____。

5)蒸发器

如图1-23所示,蒸发器是一种热交换器。其作用是:吸收流过蒸发器表面空气的_____;同时还具有除湿的作用。

对液体物质施加足够的热量能使液体由液态变为气态,图1-24所示为水沸腾的状态,该状态在_____(蒸发器/冷凝器)内出现。制冷系统通过制冷剂蒸发吸收了车厢内空气的_____,使温度_____(下降/升高),达到制冷的目的。

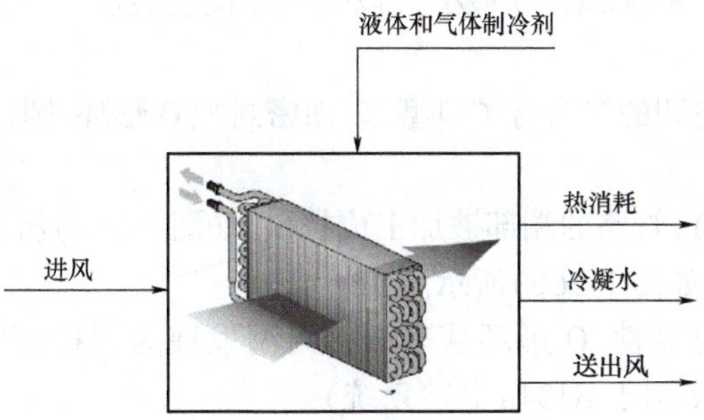

图 1-23 蒸发器的作用示意图

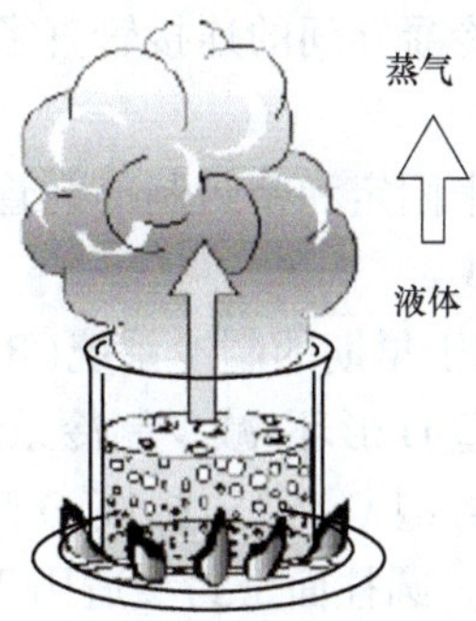

图 1-24 蒸发原理示意图

 小词典

(1)汽化:对液体加热,使其从液态转变为气态的过程。有蒸发和沸腾两种形式。
(2)蒸发:液面上发生的汽化现象。
(3)沸腾:将液体加热到某一温度时,其内部会产生许多气泡,这些气泡不断自由到达液体表面破裂,而放出蒸气,这种在液体内部以气泡形式出现的汽化现象称为沸腾。
(4)沸点:液体沸腾时的温度。

蒸发与沸腾都属于汽化现象,但在一定压力下,蒸发可以在任何温度下进行,而沸腾只能在到达与液体表面压力相对应的一定温度(沸点)时才能进行。

6)连接管和接头
(1)管路。

如图 1-25 所示,汽车制冷系统的管路大多使用铝管;连接压缩机的管路使用橡胶软管,以缓冲强烈振动。管路和软管的尺寸要根据制冷剂的情况来决定。

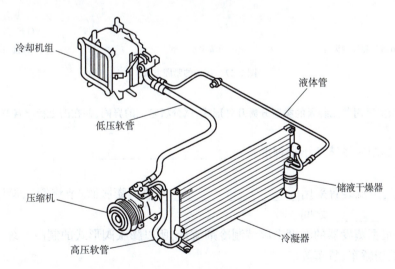

图 1-25 管路的形式

蒸发器与压缩机间的连接管直径_____(最大/居中/最小),以利于气体快速通过。

冷凝器、储液干燥器、热力膨胀阀间的连接管直径_____(最大/居中/最小),以使液体慢速通过。

压缩机与冷凝器间的连接管直径_____(最大/居中/最小),以使气体慢速通过。

(2)接头。

接头是用来固定和密封制冷剂管路的,汽车空调的接头有扩口型、表面密封型O形环、圆柱面密封型O形环三种形式。

扩口型:用于早期的制冷系统(R12制冷系统),管路的端部被加工成扩口,如图1-26a)所示。

表面密封型O形环:减少制冷系统发生泄漏,如图1-26b)所示。

圆柱面密封型O形环:提高O形环的密封可靠性,O形环从表面密封型发展为圆柱面密封型,如图1-26c)所示。圆柱面密封型适用于新制冷剂(多用于R134a制冷系统)。

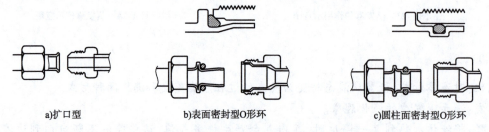

图1-26 接头的形式

不同形式的接头其紧固方式不相同。螺母和活接头型用活扳手紧固,如图1-27a)所示;固定接头型用套筒扳手紧固,如图1-27b)所示;新型的单触接头型则不需要用工具紧固,如图1-27c)所示。

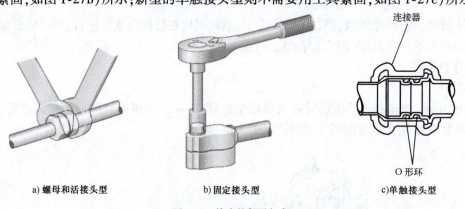

图1-27 接头的紧固方式

5. 制冷系统根据采用节流装置的类型分哪几种形式,试分析它们的异同,并在图上标出各总成的名称。

你所维护车辆的制冷系统属于哪种形式?_____。

1)膨胀阀形式

如图1-28所示,节流装置采用_____(热力膨胀阀/节流管),储液干燥器的安装位置在_____与_____之间。

热力膨胀阀能根据蒸发器的温度来调节制冷剂流量,所以膨胀阀形式的制冷系统一般采用定排量压缩机,一般用于中低档轿车、货车等。

2)节流管形式

如图1-29所示,节流装置采用_____;没有使用储液干燥器而采用了集液器,安装位置在

_____与_____之间;该系统使用变排量压缩机或大排量的定排量压缩机,一般用于中高档轿车、轻型货车等。

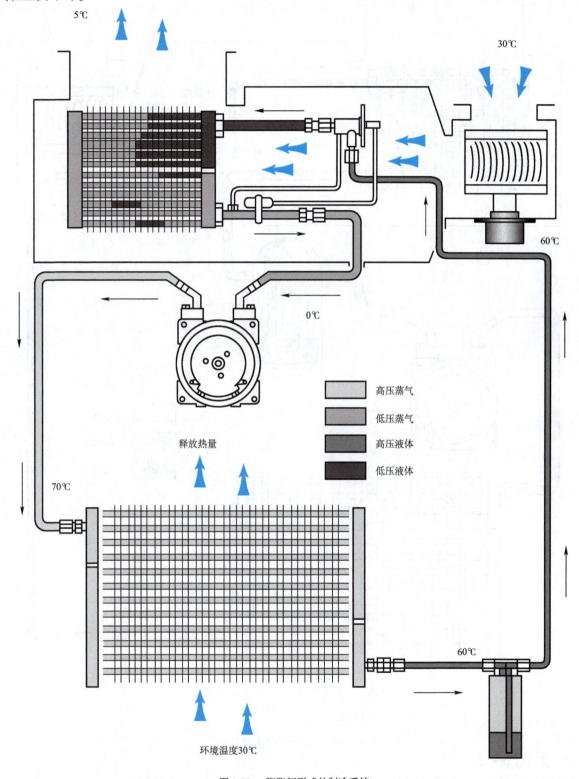

图1-28 膨胀阀形式的制冷系统

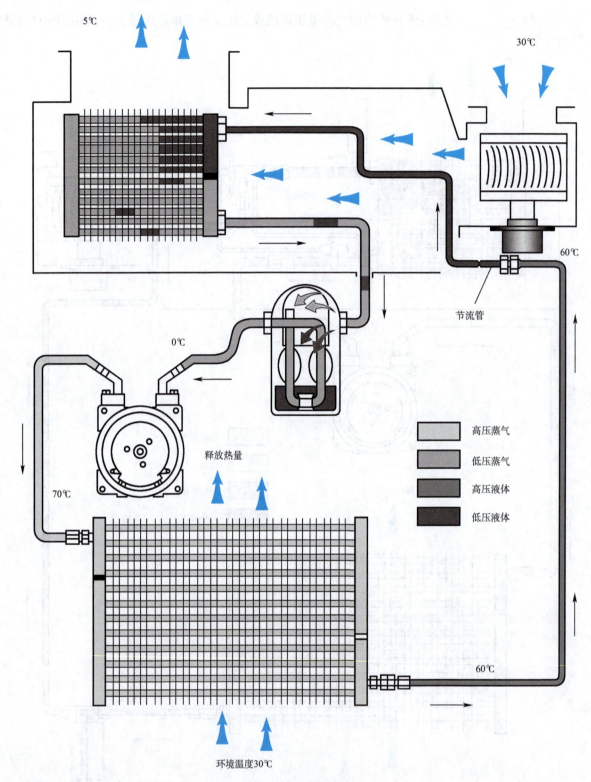

图 1-29 节流管形式的制冷系统

3）双膨胀阀形式

如图 1-30 所示，该系统的组成包括：_____ 个压缩机，_____ 个冷凝器，_____ 个储液干燥器，_____个热力膨胀阀，_____个蒸发器。其中前后两个蒸发器_____(并联/串联)安装,使用电子截止阀控制,冷凝器_____(并联/串联)安装。该系统一般用于高档轿车、轻型货车上。

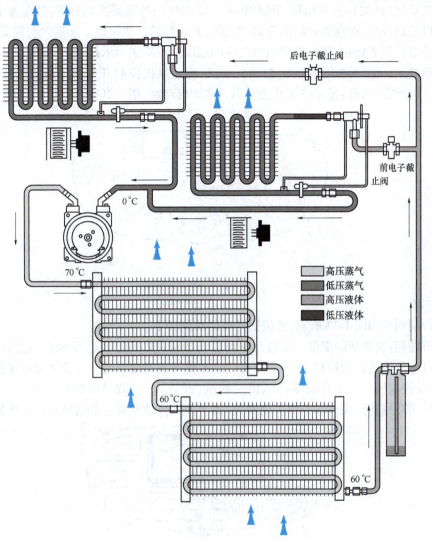

图1-30 双膨胀阀形式的制冷系统

二、计划与实施

6. 当汽车空调装置出现故障时,为核实系统的实际情况,需进行操作空调的检查。请按提示进行操作空调的检查,并做好检查记录。

检查的内容包括鼓风机、进气(排风)方式、温度下降情况、温度升高情况、A/C开关和内存功能(仅对自动空调机)等方面。

汽车空调按控制形式分为手动空调和自动空调两种,两者的检查内容不完全相同。

1) 汽车空调的控制面板

汽车空调的控制面板安置在靠近仪表板中心,以便于驾驶人或乘客操作。控制面板可用于启动或停止空调、改变温度设置、开启或关闭通风挡板、进行内部循环和外部新鲜空气之间的切换、提高或降低风量等。

(1)手动空调。

手动空调控制面板如图1-31所示,各按钮开关的功能如下。

①送风模式旋钮(开关):选择出口气流的模式。②空气内外循环控制开关:控制车厢内空气的内外循环。③鼓风机控制开关:控制鼓风机的开启和关闭,并控制鼓风机速度。④后风窗除霜控制:用于后风窗玻璃除霜。⑤温度调节旋钮:用来调整出口气流的温度。⑥除霜指示灯:显示除霜模式。启动时,指示灯亮;反之,指示灯灭。⑦空调启动开关:起动发动机,将鼓风机控制开关置于所需的挡位,按下空调开关,空调启动。⑧空调指示灯:显示空调开关状态。空调启动时,指示灯亮;反之,指示灯灭。

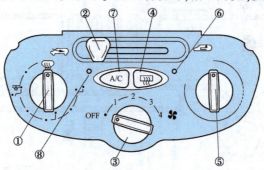

图1-31 典型的手动空调控制面板

(2)自动空调。

自动空调控制面板如图1-32所示,各按钮开关的功能如下。

①温度调节按钮:设置所需温度。②自动空调启动按钮:按下此开关,压缩机、进风门、空气混合门、送风门和鼓风机速度均被自动控制,车内温度可达到并维持在设定温度。③前风窗除霜控制。④空调启动开关:用于手动控制压缩机工作。⑤送风模式旋钮(开关)。⑥鼓风机控制开关:手动控制鼓风机速度。⑦空气内外循环控制开关。⑧空调关闭开关:用于关闭自动空调。⑨后风窗除霜控制。

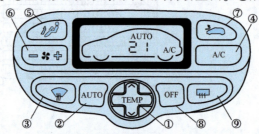

图1-32 典型的自动空调控制面板

> **学习拓展**

如图1-33所示,自动空调能根据驾驶人设置的"希望温度"自动调节车内空气的温度,自动控制送风量和空气分布。

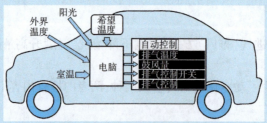

图1-33 自动空调工作原理的示意图

2)操作检查

检查时要求发动机处于正常的工作温度范围内运行,且进气控制位于"OFF"位置(内循环状态)。

(1)检查鼓风机。

如图 1-34 所示,分别将鼓风机开关置于 1 速、2 速、3 速、4 速,观察鼓风机转速有否相应变化?

检查结果:_____(正常/不正常)。

 小提示

进行自动空调检查时,在显示屏上有相应符号显示。

(2)检查车内空气分配模式。

如图 1-35 所示,选择每种送风模式和启动除霜控制,核实送风模式是否符合要求。

检查结果:_____(正常/不正常)。

(3)检查空气循环。

如图 1-36 所示,置空气内外循环开关于内外循环,观察循环指示器是否点亮,倾听进气门位置的改变(可以听到鼓风机声音的微小改变)。

检查结果:_____(正常/不正常)。

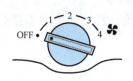 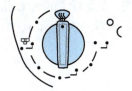 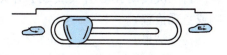

图 1-34 选择不同的鼓风机转速　　图 1-35 选择不同的送风模式　　图 1-36 空气内外循环控制开关

(4)检查温度下降的情况。

如图 1-37 所示,将温度控制旋钮选择至最冷位置(手动空调形式),在排风口检查冷风情况。

如为自动空调,则按图 1-38 所示按动温度下降键至显示出 18℃ 字样。

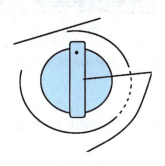 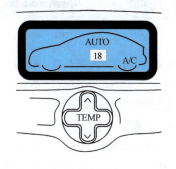

图 1-37 调节温度旋钮至最冷位置　　图 1-38 温度显示 18℃

检查结果:_____(正常/不正常)。

(5)检查温度升高的情况。

如图 1-39 所示,将温度控制旋钮选择至最热位置(手动空调形式),在排风口检查热风情况。

如为自动空调,则按图 1-40 所示按动温度上升键显示出 32℃ 字样。

检查结果:_____(正常/不正常)。

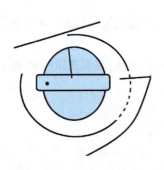
图1-39 调节温度旋钮至最热位置

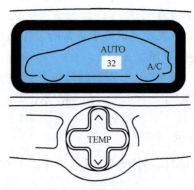
图1-40 温度显示32℃

(6)检查空调开关(仅对手动空调形式)。

如图1-41所示,将鼓风机控制开关置于所需位置(1~4速),按下A/C开关,启动空调。观察空调工作时(压缩机接合)指示灯应亮。

检查结果:_____(正常/不正常)。

(7)检查AUTO方式和A/C开关(仅对自动空调形式)。

如图1-42所示,按下AUTO开关。显示屏应显示AUTO和A/C。确认压缩机离合器接合(声响或直观检查)。

如图1-43所示,按下A/C开关或OFF开关。显示屏上的A/C指示应消失,确认压缩机离合器已分离。

再一次按动A/C开关或OFF开关。显示屏再一次显示AUTO和A/C。确认压缩机离合器接合(声响或直观检查)。

检查结果:_____(正常/不正常)。

(8)检查内存功能(仅对自动空调形式)。

如图1-44所示,按下OFF开关,关闭点火开关,等待15s。开启点火开关。按下AUTO开关,确认设备温度仍为上次的温度。

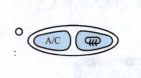

图1-41 启动A/C开关　　图1-42 显示自动空调工作　　图1-43 显示自动空调关闭　　图1-44 确认温度

检查结果:_____(正常/不正常)。

(9)检查新鲜空气通风开关。

将温度控制置于强热,将送风模式开关置于除霜位置,打开外循环(新鲜空气通风位置)。确认热气从除霜通风口排出而冷空气自面部通风口排出。

检查结果:_____(正常/不正常)。

(10)空调怠速提升的检查。

起动发动机,启动空调前的发动机怠速为_____r/min,启动空调后的发动机怠速为_____r/min,发动机怠速_____(有/无)提高。

(11)系统检查。

检查空调系统正常工作时有无异响和异味。

检查结果:_____(正常/不正常)。

学习任务1　汽车空调的使用与维护

7. 制冷系统工作时，车厢内的热量被蒸发器带走并通过冷凝器释放到大气中。请按提示进行操作检查，观察制冷系统正常工作时的现象，并分析造成该现象的原因。

运行汽车空调后检查。

(1) 观察低压回路的结霜情况，表面结霜为正常。

检查结果：_____（正常/不正常）。

原因：_____
_____。

在制冷系统中是通过制冷剂在蒸发器中汽化来制冷的，为使制冷剂易于蒸发，应使蒸发器内的压力_____（下降/升高），改变压力的方法是_____。

相同压力下，不同液态工质的沸点不同；同种液态工质，在不同压力下的沸点温度也不相同。工质的沸点一般将随压力的增大而升高。图1-45所示为汽车冷却系统的散热器。散热器盖的作用是提高冷却液压力（可达110kPa），避免冷却液沸腾，使冷却液温度在沸腾前达到126℃，该沸点_____（高/低）于冷却液在大气压的沸点。

如图1-46所示，在不同海拔，水的沸点温度不一样，海拔越高，空气压力越_____，水的沸点温度越_____。

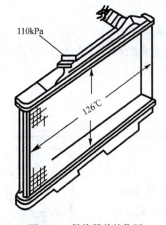
图1-45　散热器盖的作用

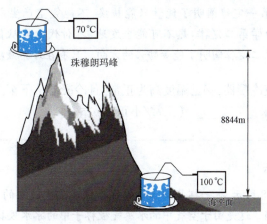
图1-46　水在不同的海拔有不同沸点

(2) 观察蒸发器淌水情况，一般情况下空调运行8min左右，冷却液从蒸发器接水盘淌出为正常。

检查结果：_____（正常/不正常）。

原因：_____
_____
_____。

小词典

(1) 绝对湿度：每立方米空气中含有的水蒸气量，单位为 kg/m^3。

(2) 含湿量：湿空气中水蒸气的质量与干空气的质量之比，单位为 g/kg。

(3) 相对湿度：按照总饱和百分比表示的空气湿度总量。相对湿度为100%的空气是饱和空气，相对湿度是0%的空气是干空气。一般，相对湿度超过100%时，空气中的水蒸气会凝结出来。

在一定温度和一定体积下的空气里含有的水蒸气越少，则空气越干燥；水蒸气越多，则空气越潮湿。

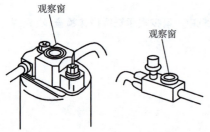

图 1-47 观察窗

(3)观察储液干燥过滤器的视液镜,如图 1-47 所示。正常情况下观察窗视液镜内应没有气泡。

检查结果:_____(正常/不正常)。

原因:_____

_____。

(4)手摸制冷系统的高低压管路,接触高压管路时感觉烫手,接触低压管路时感觉冰凉,则为正常。

检查结果:_____(正常/不正常)。

原因:_____

_____。

 小词典

(1)热力学第一定律:无论何种热力过程,在机械能与热能的转换或热能的转移中,系统和外界的总能量守恒。

热力学第一定律阐明了能量只能转换,不能凭空产生或消失。

(2)热力学第二定律:热不可能自发地、不付代价地从低温物体传到高温物体。

热力学第二定律阐明了能量转移的方向。只有在外界做功的条件下,热量才能由低温物体传到高温物体。

(5)手摸冷凝器,感觉温度高为正常,且冷凝器从下至上有温差。

检查结果:_____(正常/不正常)。

原因:_____。

 小提示

如图 1-48 所示,把一杯装满冰水的杯子放在温度较高的户外时,杯子的外壁会形成一些水滴。这是由于空气中的水蒸气被杯子中的冰水吸收热量而冷凝形成的。

图 1-48 冷凝的示意图

小词典

冷凝:当蒸气受到冷却时,放出热量,由气体变成液体的过程。蒸气冷凝包括冷却和凝结两个过程。

(6)用手摸储液干燥过滤器,应感觉温热,且进口处与出口处无明显温差为正常。

检查结果:_____(正常/不正常)。

原因:_____

_____。

(7)用手摸热力膨胀阀,前后有明显温差为正常。

检查结果:_____(正常/不正常)。

原因:_____

_____。

学习拓展

制冷原理存在于很多自然现象中,如图1-49所示,当我们把酒精涂到皮肤上或夏天在花园中洒水的时候,身体会感到凉爽。

如图1-50所示,这种现象是由于酒精或水从周围环境吸收热量引起的。

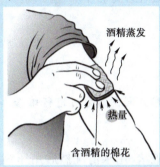

图1-49 酒精蒸发效果的示意图

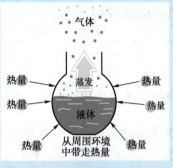

图1-50 汽化作用的示意图

如图1-51所示,当物体的热量增加或减少时,其温度和状态会改变。

液体蒸发时从周围环境吸收热量使车厢温度下降,如果让蒸发的气体排放到空气中而不进行液体的补充是不切实际的。因此,应冷却和液化蒸发后的气体,并使之循环流动,如图1-52所示。要使气体变成液体,气体必须释放热量;要使气体容易液化,则需对气体进行加压。

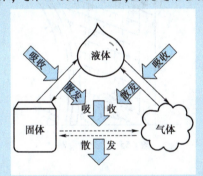

图1-51 物体状态变化关系的示意图

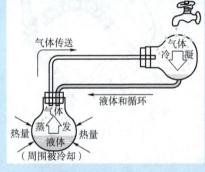

图1-52 制冷系统的工作模型

在实际的空调设备中,就是采用压缩机对气体加压,在冷凝器中释放热量。如图1-53所示,制冷系统将极易蒸发的液体(即制冷剂)密封在设备内,制冷剂在相连且密封的制冷系统中重复地进行气态和液态的转变。

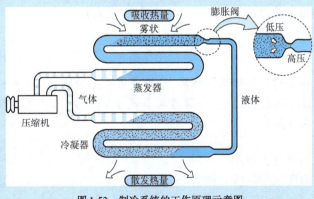

图1-53 制冷系统的工作原理示意图

8. 按以下提示进行汽车空调的日常维护作业。

1) 目视检查软管有无损坏和摩擦

检查空调系统各软管有无磨损和老化现象、各接头处连接是否牢靠、管路是否与其他零部件相碰、各接头处是否有泄漏的油迹(图1-54)。

检查结果：_____(正常/不正常)。

> **小提示**
>
> 检查过程中若发现有异常情况应及时告知客户，经客户同意后方可进行维修。

2) 检查冷凝器和冷凝风扇运行的方向是否正确

检查冷凝器翅片是否脏堵或损伤(图1-55)。如果脏堵，用水清洗然后用压缩空气吹干。如果是翅片弯曲，用螺丝刀进行调直。

检查结果：_____(正常/不正常)。

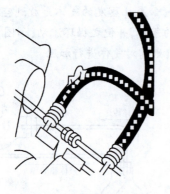
图1-54 检查软管的情况

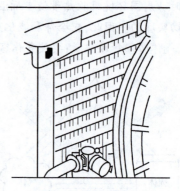
图1-55 检查冷凝器

> **小提示**
>
> 制冷剂在冷凝器中的放热量等于蒸发器的吸热量加上绝热压缩功。
>
> 若用布盖着冷凝器，此时冷凝器温度_____(上升/下降)，蒸发器温度_____(上升/下降)，即减少冷凝器的散热量会使制冷量_____(减少/增大)。

> **小提示**
>
> 冷凝器的散热效果直接影响系统的制冷效果，应经常清洗冷凝器，防止油污、泥土及其他杂物附在冷凝器上。在雨中或泥泞路段行驶后，应检查冷凝器风扇是否有泥沙、石块等杂物，若有，应及时清理。清洗时注意勿损坏冷凝器管和散热片。

3) 检查发动机冷却液温度有否过热

检查发动机的冷却液温度，应不过热(图1-56)。

检查结果：_____(正常/不正常)。

学习任务1　汽车空调的使用与维护

小提示

当开启空调一段时间后观察发动机冷却液温度情况,若出现冷却液温度高的现象,可能是冷凝器表面过脏、电子风扇和压力控制器出现故障无法运行等原因造成的。如果发现以上问题应及时停止空调系统的工作,进行维修检查。如果是由于发动机功率较小、空调负荷增大导致冷却液温度过高,则要暂停使用空调,直至冷却液温度恢复正常为止。

4）检查驱动带和压缩机的固定情况

检查驱动带的张紧力是否适宜无损坏,压缩机的安装支架不得松动(图1-57)。

图1-56　检查发动机冷却液温度

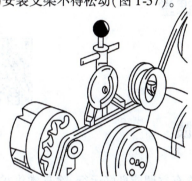
图1-57　检查驱动带和压缩机固定情况

检查结果：_____（正常/不正常）。

5）检查蒸发器出水软管是否堵塞(图1-58)

检查结果：_____（正常/不正常）。

6）检查电气线路的连接情况

检查空调的电路情况,电路连接是否牢靠,是否有断路脱接、导线绝热层磨损磨破等现象(图1-59)。

检查结果：_____（正常/不正常）。

小提示

当空调系统的熔断丝烧损时,要先检查出故障原因,待维修后再换上熔断丝通电,切不可把熔断丝短接,否则,有可能烧坏整个线路,也可能对汽车上的其他电路产生不良影响。

7）清洁或更换空调空气滤清器

清洁或更换空调空气滤清器(图1-60),以免车内的灰尘、杂物吸附在空气滤网上而阻碍空气流通,造成制冷量不足、有异味、车室内多灰尘、产生细菌等。

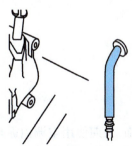
图1-58　检查蒸发器出水软管

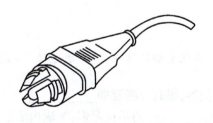
图1-59　检查电气线路的连接情况

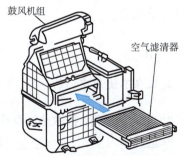
图1-60　清洁或更换空调空气滤清器

小提示

空气滤清器能有效过滤空气中的灰尘、花粉和清除细菌,防止污染空调系统的内部。具有活性炭涂层的汽车空调滤清器能杀死空气中的细菌,并抑制细菌的再生。

正常情况下,空气滤清器更换间隔为30 000km,灰尘多的情况下为15 000km。更换间隔里程随着使用条件和环境而改变。

关闭点火开关后才能更换或清洁空气滤清器。

三、思政小课堂

四、评价反馈

1. 学习自测题

(1)为了确保汽车空调能良好运行,除日常维护外,在使用过程中按规范操作也是非常重要的。以下是汽车空调正确使用的一些建议,请说出其原因。

①不应频繁开启和关闭空调,应间隔2min以上,以防止造成的后果是_____
_____。

②先通风再开空调,汽车起动后不宜立刻开空调,应打开车上所有_____,启动_____(内/外)循环,将热量排出去,等车厢内温度_____后再开启空调。

③汽车在行驶时应交替使用内外循环的功能,停车后使用空调的时间不能过长,否则,容易造成的后果是_____
_____。

④在空气进气口附近不能堆放物品,以防进气口被堵导致空调系统的制冷效果_____
_____。

⑤在到达目的地停车之前几分钟停止制冷,稍后开启自然风,在停车前使空调管道内的温度回升,消除与外界的温差,从而保持空调系统的相对干燥,避免因潮湿造成大量霉菌的繁殖。

⑥车内温度维持在22℃,车内外的温差维持6~10℃较合适。

⑦在不使用空调季节偶尔启动制冷系统,可以_____压缩机和制冷系统的密封圈,提高压缩机和制冷系统的_____;亦可去除车室内的异味。

小提示

建议在不使用空调的季节,每星期让空调运转一次,每次运转5~10min。

⑧定期清洗发动机散热器及冷凝器,提高冷凝器的_____。

⑨造成车内空气_____和_____的不良习惯:车辆内部过度装饰,长期使用空调内循环,长期保留原始包装,长期放置有异味物品,经常使用空气清新剂和车内吸烟等。

⑩自动空调要经常使用空调面板的"AUTO"功能,使室内的温度相对稳定,人体感觉较舒适,同时也能保证室内的空气质量。

(2)在高级轿车上,汽车空调可实现分区控制,请说出图1-61所示的各控制按钮的作用。

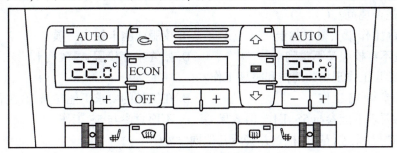

图1-61 典型高级轿车自动空调控制面板

(3)请在图1-62中写上制冷剂在制冷循环中的各种状态,并说出制冷系统的工作原理。

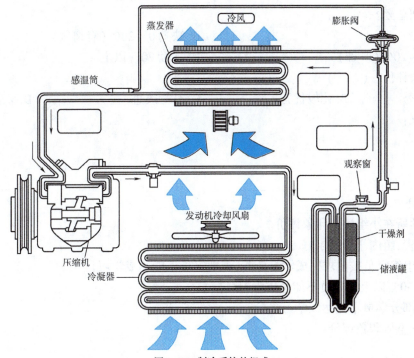

图1-62 制冷系统的组成

2.学习目标达成度的自我检查(表1-1)

自 我 检 查 表　　　　　　　　　　　　　　　　表1-1

序号	学习目标	完成情况		
		能	不能	如果不能,是什么原因
1	叙述汽车空调装置的组成和各系统的作用,并在车辆上找出空调装置的各系统			
2	解释热和温度的关系,叙述热传递的三种方式			
3	正确使用汽车空调系统			
4	正确检查制冷系统,叙述制冷系统的工作原理,区分系统的高压侧和低压侧			
5	正确维护汽车空调系统			

3. 日常表现性评价

(1) 工作页填写情况。(　　)
　　A. 填写完整　　　　B. 缺失 0~20%　　　C. 缺失 20%~40%　　　D. 缺失 40% 以上

(2) 工作着装是否规范？(　　)
　　A. 穿着校服（工作服），佩戴胸卡　　　B. 校服或胸卡缺失一项
　　C. 偶尔会既不穿校服又不戴胸卡　　　D. 始终未穿校服、佩戴胸卡

(3) 能否主动参与工作现场的清洁和整理工作？(　　)
　　A. 积极主动参与 5S 工作　　　　　　B. 在组长的要求下能参与 5S 工作
　　C. 在组长的要求下能参与 5S 工作，但效果差　　D. 不愿意参与 5S 工作

(4) 升降汽车时，有无进行安全检查并警示其他同学？(　　)
　　A. 有安全检查和警示　　　　　　　B. 有安全检查，无警示
　　C. 无安全检查，有警示　　　　　　D. 无安全检查，无警示

(5) 是否达到全勤？(　　)
　　A. 全勤　　　　　　　　　　　　　B. 缺勤 0~20%（有请假）
　　C. 缺勤 0~20%（旷课）　　　　　　D. 缺勤 20% 以上

(6) 总体印象评价。(　　)
　　A. 非常优秀　　　B. 比较优秀　　　C. 有待改进　　　D. 急需改进

(7) 其他建议：

小组长签名：_____　　　　_____年_____月_____日

4. 教师总体评价

(1) 对该同学所在小组整体印象评价。(　　)
　　A. 组长负责，组内学习气氛好
　　B. 组长能组织组员按要求完成学习任务，个别组员不能达成学习目标
　　C. 组内有 30% 以上的学员不能达成学习目标
　　D. 组内大部分学员不能达成学习目标

(2) 对该同学整体印象评价：
_____
_____。

教师签名：_____　　　　_____年_____月_____日

学习任务 2　制冷系统的清扫补给作业

三维目标

知识目标：
1. 叙述汽车制冷系统清扫补给作业的作用和意义；
2. 叙述储液干燥器和集液器的结构和工作原理，解释其对制冷系统工作的影响；
3. 叙述制冷剂、冷冻油的特性和分类，知道制冷剂对大气环境的不良影响，正确使用制冷剂和冷冻油。

技能目标：
1. 正确使用汽车空调维修的各种专用仪器和工具；
2. 在教师指导下查阅维修资料，制订汽车制冷系统清扫补给作业的计划；
3. 规范汽车制冷系统的清扫补给作业，并保证经济性和符合环保要求。

素养目标：
1. 在作业过程中能展示自身对良好职业形象之美、维护环境整洁之美；
2. 在作业过程中能注重环保意识和节约意识，让我们的祖国天更蓝、山更绿、水更清。

建议完成本学习任务为 14 学时

内容结构

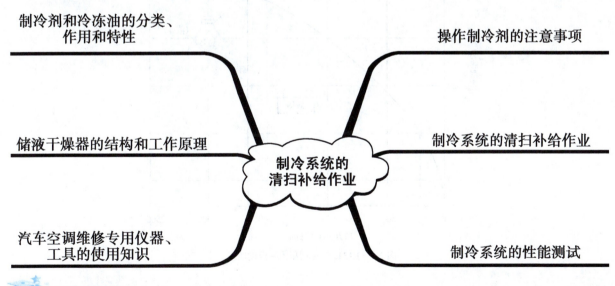

学习任务描述

系统清扫补给作业是汽车制冷系统维修中最常见的项目，请在保证经济性和符合环保要求的前提下，规范进行汽车制冷系统的清扫补给作业。

制冷系统通过制冷剂的状态变化,进行能量转换,达到制冷的目的。制冷剂在制冷系统的蒸发器内汽化吸取车厢内的空气中热量,然后在冷凝器内液化将热量传递给车外的大气。可见,制冷系统的性能指标除与工作温度有关外,还与制冷剂的性质密切相关。

一、学习准备

1. 查阅维修资料可知运行正常的制冷系统的压力为某一范围值,制冷系统为什么要保持在此压力范围? 制冷剂在制冷系统中起什么作用? 制冷系统对制冷剂又有什么要求?

查阅维修资料,所维修车辆制冷系统的压力是:低压侧压力 _____ kPa,高压侧压力 _____ kPa。

小词典

制冷剂:制冷系统实现制冷循环的工作介质,也称为制冷工质。

1)制冷剂的基本特性

制冷系统是利用气态制冷剂冷凝放热,利用液态制冷剂汽化吸热而达到制冷目的,因而制冷剂应能在高温高压下保持液态,在低温低压下容易蒸发。从图2-1所示的曲线可以明显地看出制冷剂R134a具有该特性,如:在温度为60℃,压力为_____ kPa时,制冷剂仍能保持液态;在温度为0℃,压力为_____ kPa时,制冷剂仍容易蒸发。

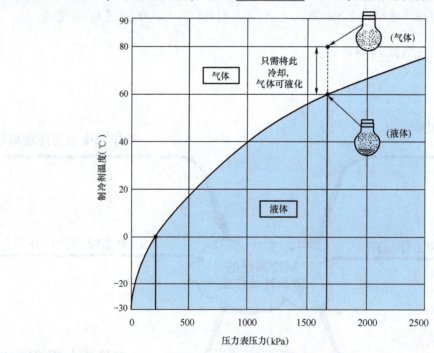

图2-1 R134a制冷剂压力—温度曲线

小提示

低压侧在0℃时,蒸发器的温度也是0℃,此时能使车厢的温度下降。但温度太低(如-5℃)时,蒸发器表面就会结霜,阻碍空气的流通,无法进行热交换,导致无法完成制冷。

图 2-1 所示的曲线显示,如果冷凝器中的压力超过 1700kPa,保持冷凝器在 60℃,R134a 就可在 60℃液化。如果气态制冷剂在冷凝器入口处的温度为 80℃,只要降温 20℃就能实现在冷凝器出口处液化。

冷凝器的温度不能低于外界温度,否则,无法完成热交换,从而影响制冷循环的工作。

从图 2-1 中可知道,制冷系统工作时应保持的正常压力是:低压侧压力为_____kPa,高压侧压力为_____kPa。与维修资料要求的压力一致。

2)制冷剂的物理化学特点
(1)不损坏制冷系统的橡胶管。
(2)环境特性好。
(3)潜热高,易液化。
(4)不易燃易爆。
(5)无毒无腐蚀性且对人体健康无损害。
(6)价格便宜且易于获得。

📖 小词典
(1)潜热:工质吸收或放出热量,如果温度不变,只是引起状态变化,这种传递的热量称为潜热。
(2)显热:工质吸收或放出热量,其温度上升或下降,但状态不变,这种传递的热量称为显热。
潜热的热量变化大于显热的热量变化。

3)制冷剂的状态变化
制冷是利用制冷剂的状态变化来实现的。在图 2-2 上用彩笔画出制冷剂的四种状态(高温高压气态、高温高压液态、低温低压气态、低温低压液态),并说出制冷剂在系统中的作用是_____
_____。

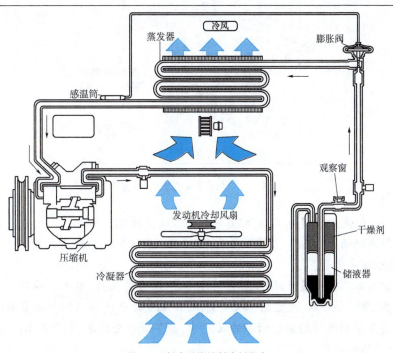

图 2-2 制冷系统的制冷剂状态

若系统中缺少或没有制冷剂,对制冷效果的影响是_____
_____。

4)制冷剂的表示方法

国际上用英文字母 R(Refrigerant)来表示蒸气压缩式制冷系统使用的制冷剂。汽车制冷系统早期使用的制冷剂为 R12,目前大多使用的是 R134a,其原因是_____。

> **学习拓展**
>
> 臭氧层的破坏和全球变暖已成为严重的全球性环境问题,汽车空调制冷系统使用的气体氟利昂会造成臭氧层的破坏和全球变暖。
>
> (1)臭氧层的破坏。
>
> 臭氧层:在地球表面 10～50km 的上层大气形成。臭氧层的破坏导致太阳紫外线大量辐射到地面上,使得人类患皮肤癌、白内障和呼吸道疾病的机会大大增加,同时会损坏庄稼、破坏生态平衡。
>
> 臭氧层破坏的机理:CFCs(氟利昂)等物质进入到臭氧层内并破坏臭氧分子,是导致臭氧层遭受破坏的原因之一。CFCs 是一种特别稳定的物质,在地面或对流层不能分解,到达平流层时被紫外线分解(光分解)并释放氯元素。这些氯元素变成催化剂,破坏平流层的臭氧,如图 2-3 所示。汽车空调制冷系统采用的制冷剂 R12 包含 CFCs 物质,对大气臭氧层有严重的破坏作用。
>
>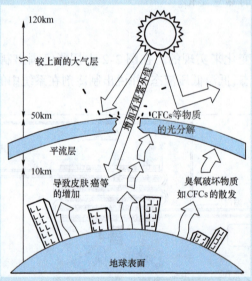
>
> 图 2-3 臭氧层破坏机理的示意图
>
> (2)全球变暖。
>
> 如图 2-4 所示,阳光照射到地球上,被地球表面吸收并转化为热量。大气中的温室气体防止热量释放到太空,使地球保持适当的热量。但是,当温室气体 CFCs 等物质散发之后,地面就会保持过多的热量使地球温度上升。
>
> 全球变暖预测:不正常气候情况的增加,对生态系统、食物生产、水资源等产生有害影响。
>
> 相关法规:在 1995 年年底,发达国家完全停止了 R12 的生产和使用。在蒙特利尔协议(正式称为"关于减少臭氧层的物质的蒙特利尔协议")中,为了保护臭氧层,氟利昂 R12 是汽车空调制冷系统必须限制使用的物质之一。

学习任务2 制冷系统的清扫补给作业

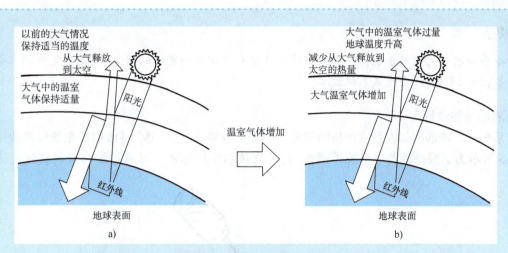

图2-4 全球变暖机理的示意图

美国、日本和我国利用R134a替代R12,而德国和澳大利亚则等国多使用碳氢(天然的)类"绿色环保制冷剂",如CN-01,HR22等。

5)制冷剂的正确使用

纯正的制冷剂在含水量、杂质等各种性能指标上都有严格的要求。使用了伪劣的制冷剂,可能使汽车制冷系统出现故障。劣质R134a制冷剂包括:用R12、R22或其他低成本的化合物假冒R134a制冷剂;水分、杂质及不凝性气体含量超标的R134a制冷剂。

 小提示

R12和R134a制冷系统的辨认方法:
(1)根据压缩机铭牌或储液干燥器铭牌辨认。
(2)根据检修阀辨认。

制冷剂的加注量有严格的规定,必须严格按整车厂的规定进行。制冷剂加注量过多或过少,都会导致空调制冷效果的下降。此外,系统有水分或空气同样会导致制冷效果下降。

若制冷系统中有水分或空气,可以采用的排除方法是_____
_____。

 2.冷冻油是一种制冷系统专用的精制润滑油,应如何正确使用冷冻油?

1)冷冻油的正确使用方法

正确使用冷冻油包括选择厂商指定牌号的冷冻油和规定的加注量。各种压缩机采用了不同类型和不同牌号的冷冻油,使用时应严格遵守规定,不能混淆,否则会损坏压缩机,造成制冷系统故障。冷冻油对润滑性能、含水量、杂质等性能指标均有严格的要求,严格禁止使用不合格的冷冻油。

在制冷系统中,制冷剂与冷冻油需要完全互溶,这样才能保证压缩机得到充分的润滑。矿物油能与R12相溶,却不能与R134a完全相溶,因此R12系统的冷冻油_____(能/不能)用于R134a系统中。

小提示

由于冷冻油有一定的吸水能力。如果冷冻油在空气中裸放一定的时间,会吸收空气中的水分造成油中水分过多,加入系统后,会造成系统故障。

2)冷冻油的加注量

制冷系统对冷冻油的加注量有严格的规定。冷冻油过多或过少,都会导致制冷系统出现故障。

图 2-5 所示为更换冷凝器等系统零部件时,可直接加注冷冻油。可通过维修资料查找冷冻油的加注量。

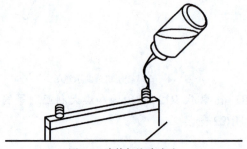

图 2-5　直接加注冷冻油

 小提示

一般出厂的新压缩机内均已经加入了冷冻油,油量为该型号压缩机所配套的制冷系统规定的整个系统的加注量。更换压缩机时,首先排出和测量旧压缩机内冷冻油的油量;接着排出新压缩机内的冷冻油;然后重新加注冷冻油,加注量为旧压缩机内的油量加上 10cm³ 的油量,如图 2-6 所示。

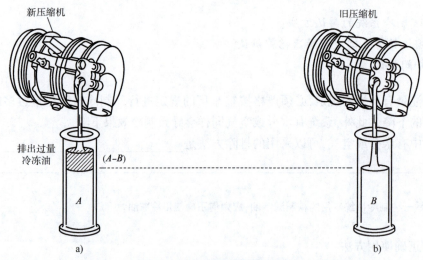

图 2-6　更换压缩机的冷冻油油量

 3. 若制冷系统内含有水分、杂质会导致制冷不足的故障,储液干燥器的作用是储存制冷剂、吸收水分和过滤杂质,其结构和工作原理是怎样的?

1)储液干燥器的结构

储液干燥器是用于_____形式的制冷系统。

如图2-7所示，储液干燥器主要由＿＿＿＿＿＿＿＿＿＿＿＿＿＿＿＿＿＿＿＿＿＿＿＿＿＿＿
组成。

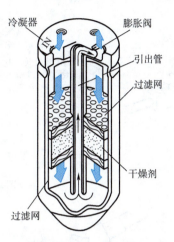

图2-7 储液干燥器的结构

 小提示

有"IN"字样的接头必须连接到冷凝器出口。

安装储液干燥器时，若进、出接头反装，导致的后果是＿＿＿＿＿＿＿＿＿＿＿＿＿＿＿＿＿，
其原因是＿＿＿＿＿＿＿＿＿＿＿＿＿＿＿＿＿＿＿＿＿＿＿＿＿＿＿＿＿＿＿＿＿＿＿＿＿＿＿
＿＿＿。

储液干燥器（或集液器）必须密封保存，安装时要迅速；进行系统安装维修时，要求储液干燥器最后一个安装到系统上，其原因是＿＿＿＿＿＿＿＿＿＿＿＿＿＿＿＿＿＿＿＿＿＿＿＿＿＿＿＿＿＿
＿＿＿。

在储液干燥器出口安装一个观察窗，通过观察窗可观察内部情况，检查制冷系统的制冷剂。由于储液干燥器的安装位置不同，有些车型的观察窗是单独安装的，如图2-8所示。

2）集液器

集液器用于＿＿＿＿＿＿＿形式的制冷系统，其作用是储存制冷剂，过滤杂质，以及从制冷剂R134a中吸收水蒸气。图2-9所示为集液器的结构，其工作原理是＿＿＿＿＿＿＿＿＿＿＿＿＿＿＿＿＿
＿＿＿
＿＿＿。

3）检修阀

制冷系统的检修阀用于对系统进行检修和测试。为防止检修阀被灰尘污染，用橡胶密封件的塑料堵帽来封闭检修阀。系统高低压端检修阀的尺寸有所不同，一般高压的＿＿＿＿＿＿＿＿（稍大/稍小）。

R12系统的检修阀如图2-10所示。

为区别R134a系统与R12系统，R134a系统的检修阀改进为快装接头，如图2-11所示。

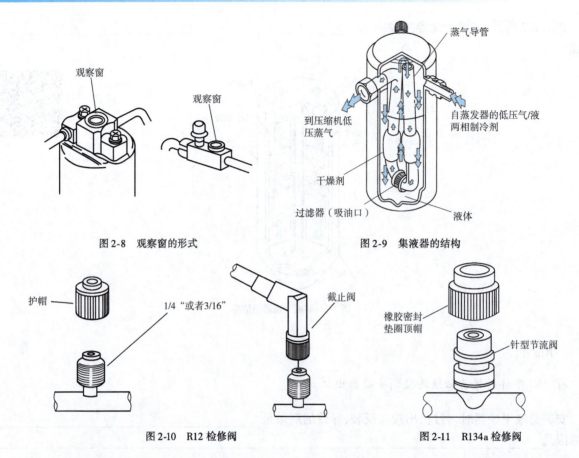

图 2-8　观察窗的形式

图 2-9　集液器的结构

图 2-10　R12 检修阀

图 2-11　R134a 检修阀

4. 制冷系统的清扫补给作业包括系统制冷剂回收作业、系统抽真空作业、检漏作业、系统加注制冷剂作业等，所需用的工具和设备有哪些？应如何正确使用？

1）歧管压力表的使用方法

(1) 歧管压力表的组成。

歧管压力表如图 2-12 所示。

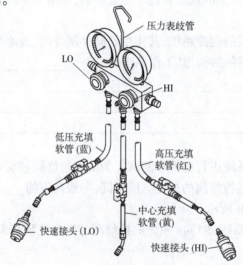

图 2-12　歧管压力表外观

低压表及软管是_____颜色(红/黄/蓝),接头与系统低压检修阀连接。
高压表及软管是_____颜色(红/黄/蓝),接头与系统高压检修阀连接。
中间软管是_____颜色(红/黄/蓝),与真空泵或制冷剂罐相接通。
(2)歧管压力表的功能。
歧管压力表的结构如图2-13所示。

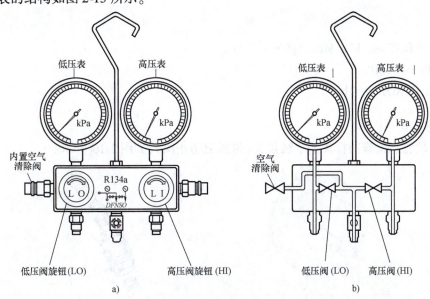

图 2-13 歧管压力表的结构

通过两个手动阀门和三根软管的组合作用,使歧管压力表具有四种功能。将图2-14所示的四种功能填写在表2-1中。

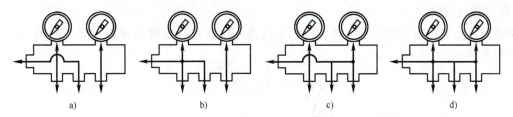

图 2-14 歧管压力表的四种功能

歧管压力表的功能 表 2-1

高、低压阀门位置	功　　能	分 图 号
高、低压阀门同时关闭	制冷系统故障诊断、检测压力	
低压阀门打开,高压阀门关闭	制冷系统加注制冷剂或加注冷冻油	
低压阀门关闭,高压阀门打开	制冷系统检漏及快速加注制冷剂	
高、低压阀门同时打开	制冷系统抽真空	

 小提示

高、低压阀门打开,是指高、低压表分别与制冷系统及中间管相通。
高、低压阀门关闭,是指高、低压表与中间管接不通,但分别与制冷系统相通。

（3）压力表的读数。

低压表既用于显示压力，也用于显示真空度。如图 2-15 所示，一般歧管压力表其真空度的读数范围为 0～-100kPa（0～760mmHg），压力刻度从 0 开始，量程不小于-1400kPa。

高压表的压力刻度从 0 开始，量程不小于 3400kPa。

小提示

常用的压力单位有 bar、kPa、MPa、kgf/cm² 几种。

1bar = 100kPa = 0.1MPa

1kgf/cm² = 0.98067bar ≈ 1bar

（4）快速接头。

压力表歧管软管和检修阀接头是单触接头（带回流防止阀），如图 2-16 所示。

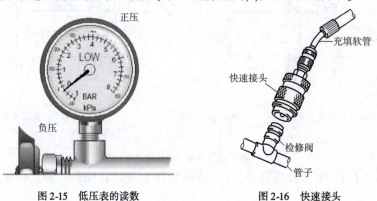

图 2-15　低压表的读数　　　图 2-16　快速接头

（5）软管排气方法。

使用歧管压力表时需排除软管空气，否则，空气进入系统将导致制冷效果下降。如图 2-17 所示，排气的方法是怎样的？

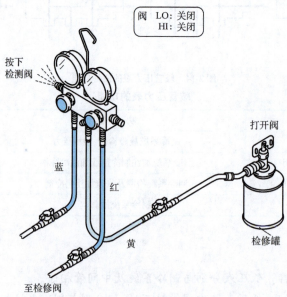

图 2-17　软管排气方法

2)气体检漏方法

制冷系统出现泄漏的影响:若出现泄漏将导致制冷剂_____,系统压力_____,制冷效果_____;同时,因缺少制冷剂后,冷冻油不能或减少随制冷剂循环流动,使压缩机_____;此外,空气和湿气会进入系统,腐蚀系统部件的内部。

 小提示

为保证制冷系统的密封性,连接处常用 O 形环。

R12 系统与 R134a 系统所使用的 O 形环的材质和形状都不一样。R12 系统使用的 O 形环颜色是黑色,R134a 使用的是绿色或红色。禁止将 R12 O 形环用于 R134a 中,因 R134a 不含氯,会损坏 R12 的 O 形环;但是可以将 R134a 的 O 形环用到 R12 系统中去,如图 2-18 所示。

系统检修时要用正确的 O 形环,安装时要事先抹上冷冻油。

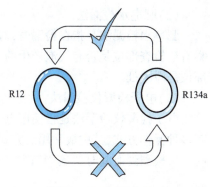

图 2-18　O 形环的使用

制冷系统检漏的方法有以下几种。

(1)目视检漏法。

目测检漏法是指用肉眼查看制冷系统部位有否润滑油渗漏痕迹的一种检漏方法。因为制冷剂通常与冷冻油互溶,所以在泄漏处一般有油迹和油垢。图 2-19 所示为制冷系统常见的泄漏处,包括_____。

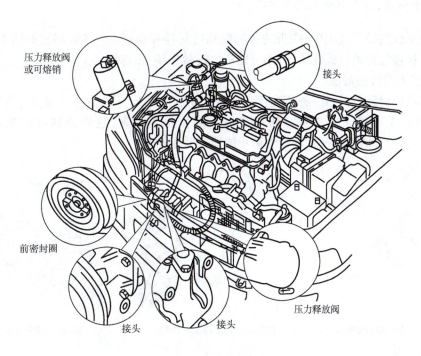

图 2-19　常见的泄漏处

小提示

检漏时可重点检查有油迹和油垢的部位。

(2)肥皂水检漏法。

肥皂水检漏法是指在检漏时,对施加了压力的制冷系统,用毛刷或棉纱蘸肥皂水涂抹在被检查部位,察看被检查部位是否有气泡产生的一种检漏方法,如图2-20所示。若被检查部位有气泡产生,说明这个部位是泄漏处。

(3)电子检漏仪检漏法。

电子检漏仪检漏法是指使用电子检漏仪检查制冷系统部位有无泄漏的一种检漏方法。电子检漏仪有多种操作方式,其中最常用的方式如下:开启电子检漏仪时,可以听到轻微的"嘀嘀"声,当电子检漏仪的探头检测到泄漏时,"嘀嘀"声的频率会加快。

 小提示

(1)仅可使用专用于检测制冷系统制冷剂的检漏仪。

(2)经常清洗检漏仪检测部位的污物和结霜,防止阻塞探头的顶部。

(3)定期检查检漏仪的敏感性。

(4)绝不允许探头的顶部直接接触待检的元器件。

(5)检漏时,重点检查接头或元器件的下部,因为制冷剂比空气重。

(6)在无风的情况下,检查制冷剂是否泄漏。

(7)发动机未起动,检查制冷剂是否泄漏。

使用电子检漏仪的操作过程中,探头的头部应靠近元器件和接头约5mm处,如图2-21所示。不要让探头的头部直接接触元器件或接头,否则可能产生读数出错,损坏探头。

(4)紫外线荧光系统检漏法。

紫外线荧光系统检漏法是将一种荧光色彩染料充注制冷系统,并使之循环流动,然后将一盏特制的紫外线灯照射制冷系统每个元器件。如果被检查部位发生泄漏,色彩染料就会发出明亮的荧光,如图2-22所示。这种方法对用探针来检测微小的泄漏效果明显。

图2-20 肥皂水检漏法　　图2-21 电子检漏仪检漏法　　图2-22 紫外线荧光检漏法

 小提示

从经济方面上考虑,检漏时应首先选择目测检漏法或肥皂水检漏法;对于非常轻微的泄漏可采用紫外线荧光检漏法。

3）制冷剂罐开关阀

制冷剂罐开关阀是把制冷剂罐中的制冷剂加注到制冷系统时要用到开关阀。开关阀的结构如图 2-23 所示,操作方法如下。

(1) 逆时针旋转手柄到底,使针阀提高。

(2) 把开关阀拧入制冷剂罐后,拧紧圆盘。注意不要拧入过多,以免损坏制冷剂罐。

(3) 将歧管压力表的中间软管连接到开关阀。

(4) 顺时针转动开关阀,降低针阀,打开制冷剂罐上的小孔。

(5) 如果逆时针转动手柄,针阀提高,制冷剂经过阀流入制冷系统。

(6) 要想终止制冷剂的加注,顺时针将手柄转到底。针阀将会落下来,停止加注制冷剂。

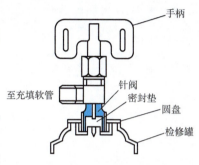

图 2-23 开关阀的结构

 小提示

使用制冷剂罐开关阀之前,应检查开关阀上的密封垫是否配套。

4）真空泵的使用

真空泵用于系统抽真空作业。制冷剂系统在加注制冷剂前,必须排除系统内的空气和水分。

 小词典

(1) 真空:指在给定的空间内低于一个标准大气压力的气体状态。

(2) 真空度:指空间所具有的气体压力与当时大气压力的差值。

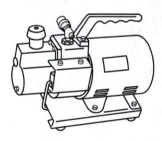

图 2-24 真空泵

维修制冷系统用的真空泵如图 2-24 所示。抽真空作业时将真空泵的接头与歧管压力表的中间软管连接。

 小提示

(1) 抽真空开始前,应通过真空泵上视液镜检查润滑油的含量。

(2) 由于真空泵的润滑油具有吸湿性,大约进行 17 次抽真空后,需更换真空泵的润滑油。

5）制冷剂再循环/回收机的使用方法

如果在维修时直接拆开了汽车空调的制冷系统,制冷剂会释放到大气中。制冷剂回收机的作用是在拆卸系统零件前,把制冷剂收集起来,防止制冷剂散发。

 小提示

R134a 虽然不会破坏臭氧层,但可引起轻微的温室效应,另外从经济角度来看,建议回收和再循环使用 R134a。

图 2-25 所示为制冷剂再循环/回收机,除了制冷剂的临时储存功能,还可以把水分和冷冻油从制冷剂中分离出来,使制冷剂能再循环使用。

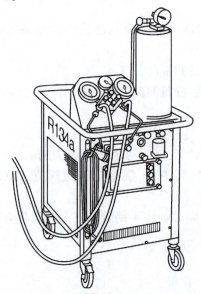

图 2-25 制冷剂再循环/回收机

现在的制冷剂再循环/回收机包括了制冷系统清扫补给作业需要的所有功能:充注规定量的制冷剂、抽真空作业、回收制冷剂、制冷剂再生和充注冷冻油。一般制冷剂回收机的使用方法如下:

(1)连接歧管压力表、制冷系统和制冷剂再循环/回收机,如图 2-26 所示。

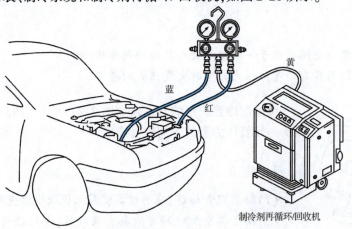

图 2-26 制冷剂再循环/回收机的管路连接方法

(2)从制冷系统中回收制冷剂:把中间软管接在回收机上→操作回收机→打开歧管压力表的高压阀和低压阀。

(3)回收工作完毕后,关闭回收机。

(4)从备用阀上拆下歧管压力表。

小提示

(1)为准确加注制冷剂量,制冷剂再循环/回收机设置有度量计。度量计较精密,因此,在使用以及车间内移动时必须小心谨慎。

(2)在下列情况应使用回收机回收制冷剂：制冷系统更换零件之前；有水汽或空气进入制冷系统时；充入过量的制冷剂。

6）相对湿度计的使用方法

(1)干湿球温度计。

干湿球温度计结构如图2-27所示，利用并列两温度计，在一支的球部用湿润纱布包裹，由于湿纱布上水分蒸发散热，使湿球上温度比干球的温度低，其相差度数与空气中相对湿度成一定比例。

使用方法：

①将湿球温度计纱布润湿后固定于测定地点约10min后，先读湿球温度，再读干球温度，记下两者的差数。

②转动干湿球温度计上的圆滚筒，在其上端找出干湿球温度差数(℃)。

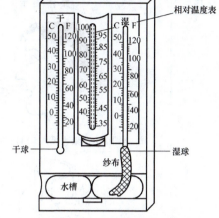

图2-27 干湿球温度计

③在实测湿球度数的水平位置作一水平线与中央圆筒旁竖行相交点的读数，即相对湿度百分数。

干球和湿球温度的温差越大，表示空气的相对湿度越＿＿＿＿（大/小）。

(2)电子相对湿度计。

电子相对湿度计能够直接显示相对湿度和温度，如图2-28所示。

图2-28 典型的电子相对湿度计

二、计划与实施

 5.由于制冷剂的沸点较低，若与皮肤直接接触会引起冻伤。因此在进行制冷系统的清扫补给作业时，必须小心谨慎(图2-29～图2-34)。根据提示完成表2-2。

制冷系统的清扫补给作业注意事项　　　　　　　　表2-2

序号	操作提示	注意事项
1	图2-29　防护用具1	操作时必须戴＿＿＿＿
2	图2-30　防护用具2	操作时必须戴＿＿＿＿

续上表

序号	操作提示	注意事项
3	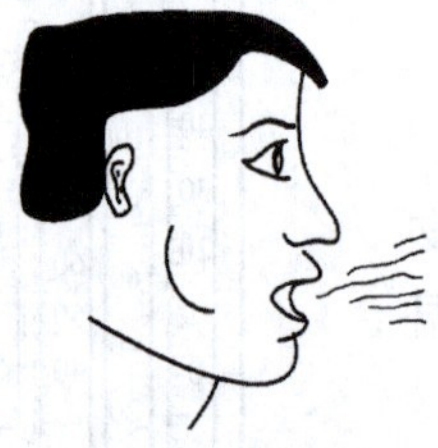 图2-31 禁止吸入R134a的示意图	禁止吸入R134a蒸气
4	 图2-32 加热制冷剂罐的示意图	不要加热制冷剂罐;勿将制冷剂接触明火,否则会产生有毒气体
5	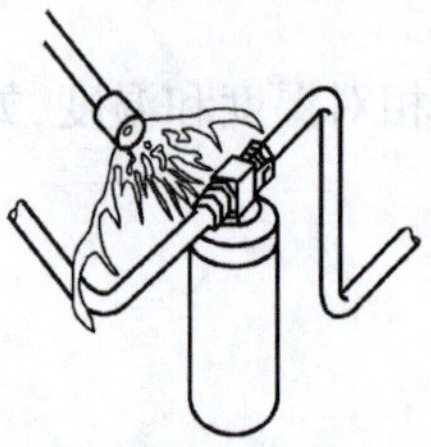 图2-33 直接采用蒸汽清洗系统的示意图	禁止直接采用蒸汽清洗系统。空调软、硬管中的热水会使系统中制冷剂发生热量扩散
6	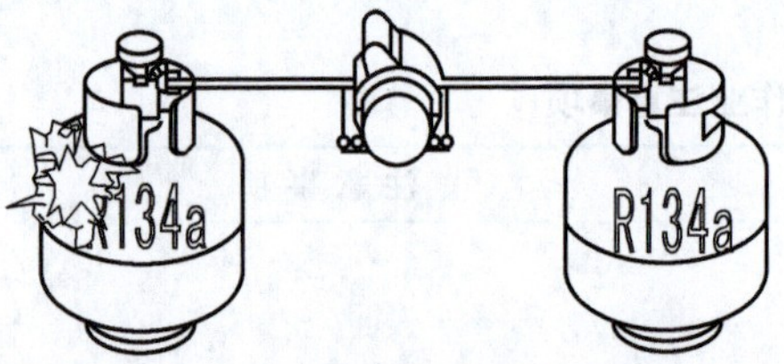 图2-34 不规范传送制冷剂的示意图	未能确认存储罐中制冷剂是否已经达到规定量的80%时,勿通过泵将制冷剂从一个存储罐中传送到另一个存储罐中。原因是存储罐剩余20%的空间被用于扩散热量
7	在压缩机运行中不要打开歧管压力表的高压阀。若高压阀被打开,高压侧的高压制冷剂将会反方向流向制冷剂罐,而导致罐体爆裂,注意此时只能操作低压阀	
8	操作时不允许直接接触皮肤,否则会冻伤皮肤	
9	在充注或回收R134a时,工作场所必须保证通风	

小提示

操作制冷剂遇到意外时的急救措施:
(1)不要擦眼睛或皮肤。
(2)用冷水冲洗接触制冷剂的部位。
(3)立即去医院接受专业治疗。

学习任务2　制冷系统的清扫补给作业

6. 系统的清扫补给作业包括回收制冷剂、抽真空作业、加注制冷剂作业等，查阅维修资料制订系统的清扫补给作业计划，并按计划实施。

1) 从制冷系统中回收制冷剂

未排出制冷剂，直接更换零部件的操作将造成的后果是 _____

_____。

回收制冷剂作业需要的设备有 _____ 和 _____。

查阅制冷剂回收机使用说明书，列出其操作方法，并按要求进行操作。

 小提示

1) 连接歧管压力表的注意事项

(1) 软管端部螺母内装密封圈，用手轻微紧固即可完全接好，勿用钳子等工具紧固。

(2) 如果加注软管的连接密封件损坏应更换。

(3) 如图2-35所示，安装歧管压力表快速接头时，应先关闭阀门，待装上检修阀后再轻轻旋开阀门，否则，可能会损坏检修阀的阀芯。

(4) 连接软管和制冷系统上的检修阀时，将快速接头接到检修阀上并滑动，直到听到"咔哒"声，如图2-36所示。

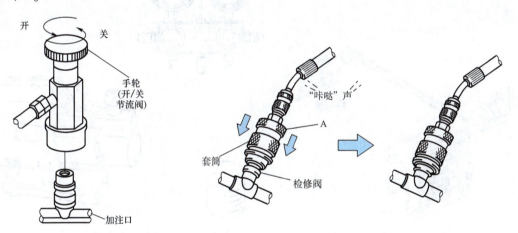

图2-35　阀门的正确使用方法　　　　图2-36　快速接头的正确连接

2) 回收完毕后的注意事项

回收工作完毕后，务必度量制冷系统排出的冷冻油量，以便向制冷系统中加入等量的冷冻油，如图2-37所示。

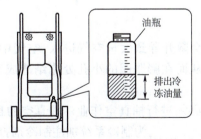

图2-37　回收后度量冷冻油量

2）加注冷冻油

更换零部件或回收制冷剂后应补充冷冻油,补充加注冷冻油可采用真空吸入法。该方法是将制冷系统抽真空到20kPa,将冷冻油加注器软管连接到低压侧检修阀上,然后打开加注器阀门,在制冷系统中产生的真空使冷冻油进入制冷系统低压侧。

  小提示

冷冻油不能加错,若将矿物油与合成油混装,将造成下列后果:
(1) 润滑性能降低。
(2) 制冷剂流速缓慢。
(3) 制冷性能下降。
(4) 少量加错油会使制冷剂结块,大量用错油将导致压缩机咬死。

查阅维修资料,在图2-38上用彩笔画出加注冷冻油时的连接方法,制订加注冷冻油的计划并实施。

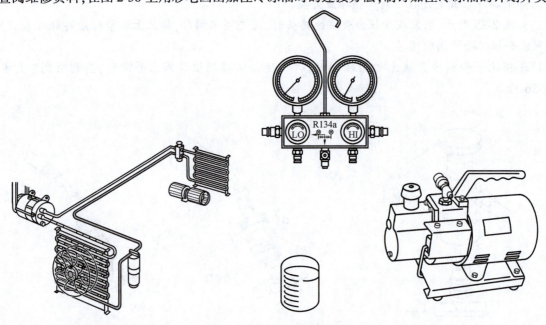

图2-38 加注冷冻油的连接方法

 小提示

当量杯中的冷冻油快被抽空时,应立即关闭歧管压力表的手动阀,以免系统吸入空气。

3）抽真空作业

在更换零件时,制冷系统内部会敞开导致大量空气进入,空气中的水分将会保留在系统内。即使少量的水分也会引起系统的故障,从而在膨胀阀的小孔处冻结造成制冷系统故障,此外水分还会引起压缩机阀门锈蚀等故障。

因此,在进行制冷剂加注之前,必须进行抽真空作业。抽真空的目的是排出系统中的_____和_____,以及利用真空进行_____,为制冷系统加注制冷剂打好基础。

查阅维修资料,根据抽真空流程(图2-39),完成抽真空作业的计划并实施。

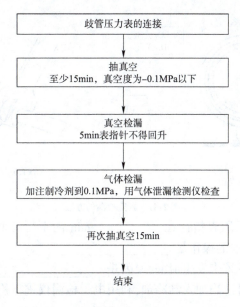

图 2-39　抽真空流程

(1) 歧管压力表的连接。

在图 2-40 上用彩笔画出抽真空作业的歧管压力表连接方法,并按要求连接。

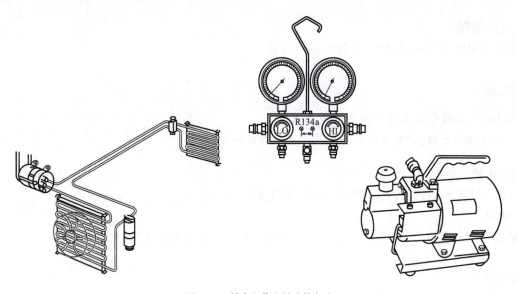

图 2-40　抽真空作业的连接方法

(2) 抽真空。

操作:打开歧管压力表的_____,启动_____。

要求:真空泵至少要抽_____ min,使低压表的真空刻度值在_____真空度以下。若达不到该真空值,应该采取的操作是_____

_____。

(3) 真空检漏。

真空检漏的方法如图 2-41 所示。

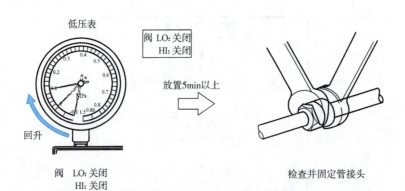

图 2-41　真空检漏的方法

操作和要求：关闭手动阀，低压表指针在_____ min 内不得有回升。若真空度下降，则表明有_____，应该采取的操作是_____。
真空度没有下降并不表明系统未发生泄漏，原因是_____，因此，可适当加入制冷剂，利用电子检漏仪进行检漏。

 小提示

如果表指针回升说明某处有泄漏，首先检查管接头部位是否正确连接。

(4) 气体检漏。
加注制冷剂到 100kPa，用电子检漏仪进行检漏。

 小提示

检漏时应关闭歧管压力表的高压阀和低压阀。
勿用手接触制冷剂，若制冷剂溅到皮肤上可能导致冻伤。

(5) 再次抽真空。
再次启动真空泵，打开歧管压力表的低压阀门，继续抽真空_____ min。
(6) 结束。
关闭歧管压力表的_____，抽真空结束，准备充注制冷剂。

 小提示

抽真空必须保证有足够时间。抽真空并不能将水分以液态形式直接从系统中抽出，而是在制冷系统里产生了真空之后，降低了水的沸点，使水在较低的温度下沸腾变成蒸汽，从而在系统中被抽出。

4) 加注制冷剂
加注制冷剂作业在抽真空作业后进行。
查阅维修资料，车辆的制冷剂加注量是_____ g。
(1) 从高压侧加注。
①在图 2-42 上用彩笔画出加注制冷剂作业的连接方法，并按要求连接。

学习任务2 制冷系统的清扫补给作业

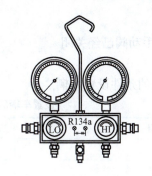
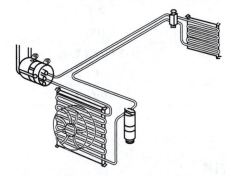

图 2-42 加注制冷剂的连接方法

 小提示

连接前应检查歧管压力表的各接头和手动阀是否关闭好。

②旋松制冷剂罐的开关阀/手柄,使制冷剂进入歧管压力表的中间软管。

 小提示

此时不能打开歧管压力表的手动阀。

③排出中间软管的空气。
抽真空作业后加注制冷剂只需对中间软管进行排空。
若高低压软管也需要排空可采用的操作是_____
_____。

④旋开高压手动阀门,此时将制冷剂罐倒立,如图 2-43 所示,使制冷剂以液态注入制冷系统。

图 2-43 制冷剂罐倒立

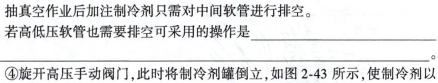 小提示

此时不得启动制冷系统,否则,制冷剂会倒灌,将损坏软管和歧管压力表,甚至会使制冷剂罐爆炸。

此操作方法能使制冷剂以液态从制冷剂罐流出并自动进入制冷系统的原因是_____
_____。

⑤当低压侧压力达到 420kPa 时,关闭高压手动阀和制冷剂罐开关阀/手柄。

 小提示

此时制冷系统的压力与制冷剂罐内的压力达到平衡。

47

(2)从低压侧加注。

①检查歧管压力表高压手动阀已经关闭。

②将制冷剂罐正立。

③起动发动机,按表2-3的条件设置车辆。

设置车辆的条件　　　　　　　　　　表2-3

项　目	条　件
车门	全开
制冷系统	ON
设定温度	MAX COOL(最冷)
鼓风机转速	HI
发动机转速	1500r/mim

小提示

此时不得打开歧管压力表的高压阀,否则,制冷剂会倒灌。

此时不得倒立制冷剂罐,否则,液态制冷剂进入低压侧,在压缩机内被压缩,损坏压缩机。

④打开歧管压力表低压阀和制冷剂罐开关阀,并加注指定量的制冷剂。此时制冷剂以_____(气态/液态)加注到制冷系统。

⑤加注制冷剂完成后,关闭歧管压力表的低压阀和制冷剂罐的开关阀/手柄,检查制冷剂量。

小提示

如图2-44所示,通过观察窗检查制冷剂在系统管路中的状态,各状态的情况见表2-4。

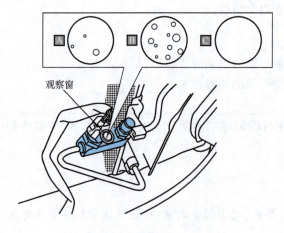

图2-44　通过观察窗检查制冷剂量

制 冷 剂 的 状 态　　　　　　　　　　表2-4

制冷剂量	状　态
适量	几乎没有任何气泡。发动机转速从怠速逐渐增加到1500r/min时,气泡消失,制冷剂变得清澈
不足	有连续的气泡流动
过量	没有气泡。该情况下,高压侧和低压侧的压力都较高,并且制冷不足

7. 进行系统的清扫补给作业后,制冷系统的制冷效果可通过性能测试进行检验。查阅维修资料,完成性能测试的计划,并按计划实施。

在性能测试中,测量进气口和送风口的温差,然后用标准性能表评价系统的制冷性能。
(1)如图 2-45 所示,查阅维修资料完成表 2-5,并按要求设置车辆。

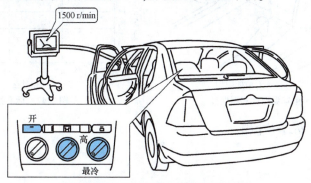

图 2-45　性能测试时设置车辆的示意图

设置车辆的条件　　　　　　　　　　　　　　　　　　　　　　　　　　表 2-5

项　　目	条　　件	
车身		
车门		
制冷系统		
发动机转速		
进气口门位置		
送风口门位置		
设定温度		
鼓风机转速		
空调进气口温度		
制冷系统压力	低压侧	
	高压侧	

 小提示

制冷系统性能测试是在最高负载情况下进行的,如果系统此时能满足最高负载的要求,那么正常情况下,送风口温度会很低。

若系统的压力不符合规定,可采取的操作是_____
_____。
(2)如图 2-46 所示,将干湿球温度计置于车厢内,测得进风口温度为_____,相对湿度为_____;将温度计探头插入送风口内 50mm 处,当出口空气温度稳定后(5~6min 后),测得送风口温度为_____。
(3)计算进风口温度和送风口温度的差值为_____。
(4)在标准性能图上画出环境湿度和进出口温差两值的交点,判定制冷系统的性能_____。

如果两值的交点在阴影区域内,可以判定制冷能力良好。如图 2-47 所示,环境相对湿度为 55%,进风口和送风口的温差为 17℃时,两者的交点在阴影区域内,可判定制冷性能良好。

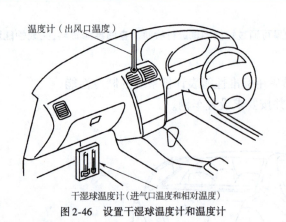

图2-46 设置干湿球温度计和温度计

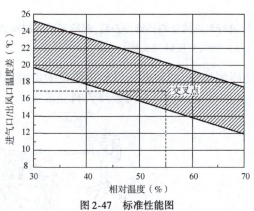

图2-47 标准性能图

(5)拆卸歧管压力表,安装防尘帽。

小提示

拆卸歧管压力表的注意事项。从检修阀上拆下软管时,若直接拆卸会使管内制冷剂和冷冻油喷出,很容易引起客户的误会和不满。应关闭端部的截止阀以减少制冷剂从软管中的排出量,如图2-48所示。

歧管压力表不用时的注意事项。为了防止污物和水汽进入压力表歧管,通常在存放前,把加注软管的快速接头连接到压力表歧管的侧面,如图2-49所示。

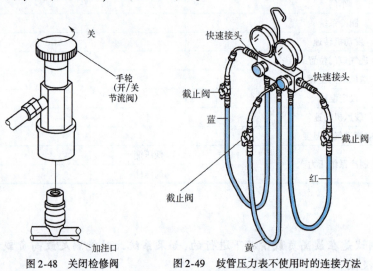

图2-48 关闭检修阀　　　图2-49 歧管压力表不使用时的连接方法

三、思政小课堂

四、评价反馈

1.学习自测题

(1)如果汽车空调制冷效果不好,首先检查制冷剂量是否适当,若制冷剂数量不足则需进行补充加注制冷剂。加注制冷剂前检查系统是否有泄漏现象,运用所学知识制订工作计划。

①检查系统的制冷剂数量。

检查制冷剂的压力是否正常,检查条件为:发动机转速为_____;送风机速度控制开关处于_____位置;空调开关处于_____状态;温度选择器为_____位置;所有车门_____。

通过观察窗观察制冷剂的流量,检查制冷剂量_____。

检查制冷剂量是否正常,可按表2-6实施检查。

制冷剂量检查表　　　　　　　　　　　　　　　　　　　　表2-6

项目	现　　象	制 冷 剂 量			
		无	不足	适当	过量
1	在观察窗中可见气泡		●		
2	若在观察窗中观察无气泡,实施项目3和4,然后检测制冷剂量	●	●	●	●
3	压缩机吸入口和排出口之间无温差	●			
4	若压缩机吸入口和排出口之间有明显温差,实施项目5和6,然后检测制冷剂量			●	●
5	刚关闭空调后,直接在观察窗中出现透明的制冷剂气体				●
6	刚关闭空调后直接出现制冷剂泡沫,然后变成透明			●	

 小提示

制冷剂量与系统压力的关系,如图2-50所示。

②泄漏检查。

③R134a制冷剂纯度检验。

R12制冷剂与R134a制冷剂不兼容,这两种制冷剂不可混合,即使只有极少量的混合也将导致压缩机失效。R134a制冷剂的纯度检验方法查阅使用说明书。

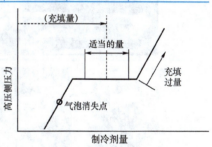

图2-50　制冷剂量与系统压力的关系

④制订补充添加制冷剂的计划。

(2)目前,很多是采用专用的回收加注机对制冷系统进行制冷系统清扫补给作业。以下是使用美国斯必克公司(SPX)制冷剂回收加注机进行清扫补给作业。

①制冷剂鉴别(表2-7)。

制冷剂鉴别操作表　　　　　　　　　　　　　　　　　　表2-7

使用制冷剂鉴别仪(16910) 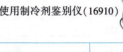 对空调系统进行鉴别

	□预热 连接仪器电源进行预热

续上表

使用制冷剂鉴别仪(16910) 对空调系统进行鉴别

	□海拔设定 在预热过程中,同时按下"A"键与"B"键,进入调节海拔
	□系统标定 显示器出现 SYSTEM CAL IBRATION 时,仪器会发出振动和蜂鸣声
	□连接管路 将取样管的快速接头连接到空调系统的低压维修阀
	□调节取样压力 通过快速接头调整到 5~25lbf/in²(1lbf/in² =6894.76Pa)
	□样品检验 按"A"键,制冷剂样品立即流向仪器

	□得出结果
	检验完成后,记录仪器自动显示结果
	  R134a:_____ ;R12:_____ ;
	  R22:_____ ;HC:_____ ;
	  AIR:_____
	检验结果说明
	 ①PASS:制冷剂纯度达到96%或更高。通过检验,可以回收。
	 ②FAIL:R12 或 R134a 的混合物,任一种纯度达不到96%,混合物太多。
	 ③FAIL CONTAMINATED:未知制冷剂,如 R22 或 HC 含量4%或更多。不能显示含量。
	 ④NO REFRIGERANT-CHK HOSE CONN:空气含量达到90%或更高。没有制冷剂

②制冷剂回收(表2-8)。

制冷剂回收操作表　　　　　　　　表2-8

使用回收加注机(AC350C)  进行回收制冷剂

	□打开电源开关
	□连接管路 将高、低压快速接头连接至制冷系统的维修阀口,然后打开维修阀
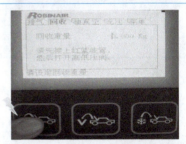	□进入回收程序 按"回收"  键,进入回收程序
	□打开仪器上的高、低压阀,准备进行双管回收
	□按"确认"键,开始回收 按"确认"键 后,设备会先自动清理管路1min后才进行制冷剂回收,按 键取消或返回
	□当压力到达负压时,压缩机在抽真空。此时,应及时按"取消"键,停止制冷剂回收

续上表

	使用回收加注机(AC350C)  进行回收制冷剂	
	□回收结束后,显示回收的制冷剂量 □按"确认"键进行排油	
	□排油瓶表面有刻度,查看排油瓶上的刻度并记录废油液面_____mL; 等待一段时间,废油无气泡后,查看排油瓶液面记录、计算排油量	

③第一次抽真空(表2-9)。

第一次抽真空操作表　　　　表2-9

	使用回收加注机(AC350C)  进行第一次抽真空	
	□选择"抽真空"键 "抽真空"键	
	□设定抽真空时间 按"数字"键,设定抽真空时间15min,按"确认"键开始从高、低压一起抽真空	

续上表

	使用回收加注机（AC350C） 进行第一次抽真空	
		□抽真空时间到，仪器自动停止真空泵 技术要求： 抽真空至系统真空度低于 –90kPa（–760mmHg）
		□按"确认"键进行保压
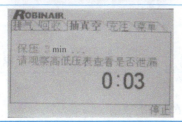		□保压3min后注意观察高、低压表，表针有无回升

④加注冷冻机油（表2-10）。

加注冷冻机油操作表　　　　　　　　　　　　表2-10

	使用回收加注机（AC350C）  进行加注冷冻机油	
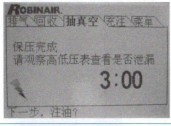		□保压结束后，准备加注冷冻机油
　注油瓶		□计算注油量：_____ mL 注油量 = 排出量 + 20mL

	使用回收加注机(AC350C)  进行加注冷冻机油	
		□关闭低压阀 □打开高压阀,采用单管加注
	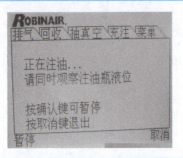	□加注时必须一直关注注油瓶,防止过量 □按"确认"键,暂停 □按"取消"键,结束注油

⑤第二次抽真空(表2-11)。

第二次抽真空操作表　　　　　　　　　表2-11

	使用回收加注机(AC350C)  进行第二次抽真空	
		□选择"抽真空"键 "抽真空"键
		□设定抽真空时间 按"数字"键,设定抽真空时间15min
		□关闭高压阀 □打开低压阀,采用单管抽真空,按"确认"键开始从低压抽真空

续上表

使用回收加注机(AC350C)  进行第二次抽真空	
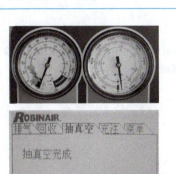	□抽真空时间到,仪器自动停止真空泵 技术要求: 抽真空至系统真空度低于 −90kPa(−760mmHg) □按"取消"键,跳出"下一步,保压?"返回到主界面,完成第二次抽真空

⑥加注制冷剂(表2-12)。

加注制冷剂操作表　　　　　　　　　表2-12

使用回收加注机(AC350C) 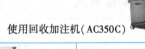 加注制冷剂	
	□按"加注制冷剂"键,进入制冷剂充注界面 "加注制冷剂"键
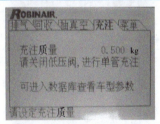	□按"数字"键输入充注制冷剂量
	□关闭低压快速阀 □打开高压快速阀,进行单管加注
	□关闭低压阀 □打开高压阀 □按"确认"键,开始加注制冷剂

续上表

使用回收加注机(AC350C) 加注制冷剂

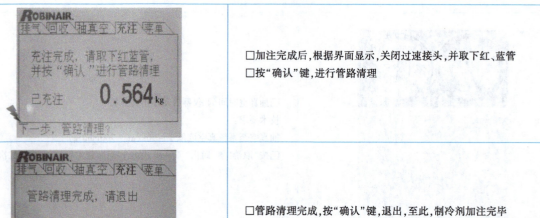

□加注完成后,根据界面显示,关闭过速接头,并取下红、蓝管
□按"确认"键,进行管路清理

□管路清理完成,按"确认"键,退出,至此,制冷剂加注完毕

2. 学习目标达成度的自我检查(表2-13)

自 我 检 查 表　　　　　　　　　　　　　　表2-13

序号	学习目标	完成情况		
		能	不能	如果不能,是什么原因
1	叙述汽车空调系统清扫补给作业的用途			
2	正确使用汽车空调维修的仪器和工具,包括歧管压力表、检漏仪、制冷剂回收机等			
3	规范进行汽车制冷系统抽真空作业			
4	规范进行汽车制冷系统添加制冷剂作业			
5	规范进行汽车制冷系统检漏作业			
6	规范进行汽车制冷系统性能检测作业			
7	规范使用制冷剂回收加注机进行系统清扫补给作业			

3. 日常表现性评价

(1)工作页填写情况。(　　)

　　A. 填写完整　　　　B. 缺失 0~20%　　　　C. 缺失 20%~40%　　　　D. 缺失 40%以上

(2)工作着装是否规范?(　　)

　　A. 穿着校服(工作服),佩戴胸卡　　　　B. 校服或胸卡缺失一项

　　C. 偶尔会既不穿校服又不戴胸卡　　　　D. 始终未穿校服、佩戴胸卡

(3) 能否主动参与工作现场的清洁和整理工作？（　　）
　　A. 积极主动参与 5S 工作　　　　　　　　B. 在组长的要求下能参与 5S 工作
　　C. 在组长的要求下能参与 5S 工作，但效果差　D. 不愿意参与 5S 工作
(4) 升降汽车时，有无进行安全检查并警示其他同学？（　　）
　　A. 有安全检查和警示　　　　　　　　　　B. 有安全检查，无警示
　　C. 无安全检查，有警示　　　　　　　　　D. 无安全检查，无警示
(5) 是否达到全勤？（　　）
　　A. 全勤　　　　　　　　　　　　　　　　B. 缺勤 0~20%（有请假）
　　C. 缺勤 0~20%（旷课）　　　　　　　　　D. 缺勤 20% 以上
(6) 总体印象评价。（　　）
　　A. 非常优秀　　　B. 比较优秀　　　C. 有待改进　　　D. 急需改进
(7) 其他建议：

小组长签名：_____　　　　_____年____月____日

4. 教师总体评价
(1) 对该同学所在小组整体印象评价。（　　）
　　A. 组长负责，组内学习气氛好
　　B. 组长能组织组员按要求完成学习任务，个别组员不能达成学习目标
　　C. 组内有 30% 以上的学员不能达成学习目标
　　D. 组内大部分学员不能达成学习目标
(2) 对该同学整体印象评价：
_____
_____
_____。

教师签名：_____　　　　_____年____月____日

学习任务3　制冷系统元件的诊断与维修

三维目标

☞ 知识目标：
1. 叙述汽车空调制冷系统的工作原理；
2. 分析制冷系统各元件可能产生的故障。

☞ 技能目标：
1. 在教师指导下制订歧管压力表法检测与诊断制冷系统的计划并实施；
2. 小组合作制订更换压缩机的计划并实施；
3. 运用所学知识制订制冷系统元件的检测与维修计划。

☞ 素养目标：
1. 在作业过程中能遵守安全操作规范，并展示较强的劳动保护意识；
2. 在小组合作过程中坚持发扬民主和增进团结相互贯通，逐步养成集智攻关、团结协作的协同精神。

建议完成本学习任务为 16 学时

内容结构

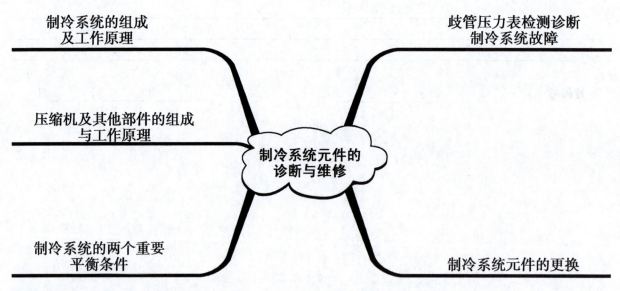

学习任务描述

某客户反映其汽车空调制冷不足，经检查后确定空调系统电路方面正常，初步判断是空调制冷元件方面出现故障。需要对空调系统进行全面检查，确定故障部位，并进行维修。

制冷剂在系统内循环过程中,其状态、压力和温度都不断地交替变化着,即气态与液态、高压与低压、高温与低温等交替变化。所以通过歧管压力表检测系统的压力、检查管路及部件的外表温度可判断系统的运行情况和部件的性能好坏。

一、学习准备

 1. 制冷系统有高压侧和低压侧两部分,一个运行良好的空调系统其高、低压侧的压力是多少？当制冷系统出现故障会导致系统压力变化吗?

1)制冷系统的组成

在图3-1中用彩笔分别描出系统的高压侧和低压侧,并根据所学知识完成表3-1。

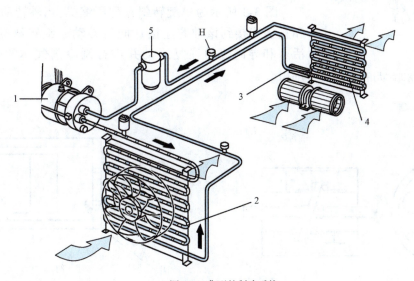

图3-1 典型的制冷系统

制冷系统的组成　　　　　　　　　　表3-1

序号	名　称	序号	名　称
1		4	
2		5	
3			

2)制冷系统的压力

查阅维修手册,所维修车辆的制冷剂加注量是_____,高压侧压力为_____kPa,低压侧压力为_____kPa。

(1)制冷系统高压侧压力的建立是通过_____和_____这两个元件的工作来实现的。因此,导致系统高压侧压力变化(升高/降低)的原因有_____
_____
_____。

(2)制冷系统低压侧压力的建立是通过_____和_____这两个元件的工作来实现的。因此,导致系统低压侧压力变化(升高/降低)的原因有_____
_____

2. 压缩机在制冷系统中起到压缩、抽吸、循环的作用,压缩机是如何实现这些作用的?压缩机工作过程中可能会出现什么故障?

1)压缩机的作用

压缩机能保持制冷剂的循环,是制冷系统的_____源泉,它可将吸入的_____压_____温的制冷剂蒸气通过压缩机加压后变成高温高压的制冷剂蒸气,进至冷凝器,如图3-2所示。

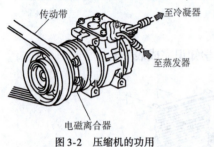

图3-2 压缩机的功用

2)压缩机的工作原理

图3-3所示为单旋转斜盘型压缩机,当轴转动时,旋转斜盘和直接连接到该轴的连接片同时转动。旋转斜盘的旋转换成活塞和导向板的往复运动并进行制冷剂气体的吸入、压缩和排出。

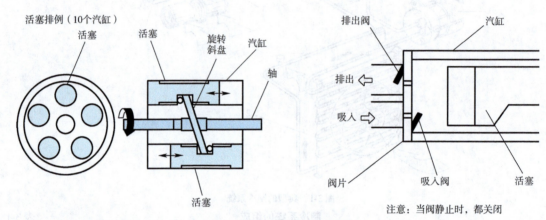

图3-3 旋转斜盘式工作示意图

图3-4所示为单旋转斜盘式压缩机的工作过程,分析其工作过程。

(1)吸入行程。

当活塞随着旋转斜盘的转动而运动时,汽缸中的容积增大,压力变得比制冷循环中低压侧的压力还低,从而打开吸入阀并使制冷剂气体进入汽缸。然后排出阀被高压侧的高压推至阀片,关闭排出口,防止气体从高压侧回流到汽缸。

(2)压缩行程。

当活塞上升时,汽缸容积下降,汽缸内压力上升,直至它大于排出侧(高压侧)的压力并打开排出阀,释放高温高压制冷剂气体到冷凝器中。这时,吸入阀被汽缸内的压力压至阀片,关闭吸入口防止制冷剂气体返回吸入侧(低压侧)。

3)压缩机的分类

压缩机的分类,如图3-5所示。你所维修车辆的空调压缩机的类型是_____,分析其工作原理和可能出现的故障,出现故障时对空调系统的工作有何影响?

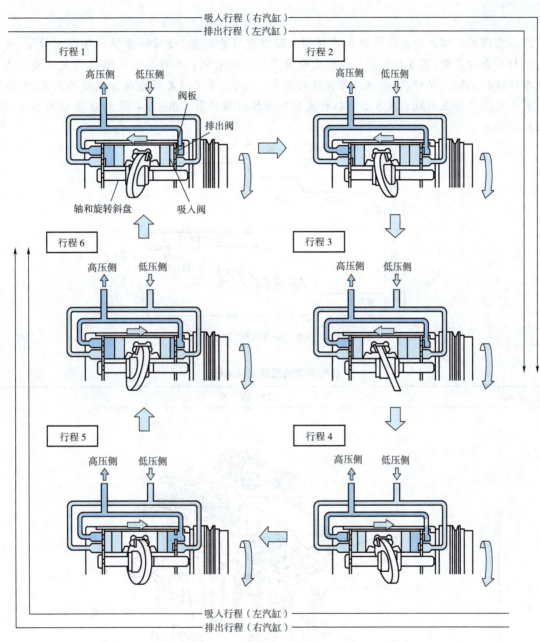

图 3-4 单旋转斜盘式压缩机的工作过程

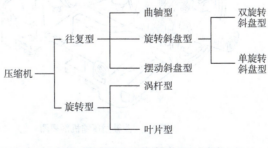

图 3-5 压缩机的分类

学习拓展

汽车空调的压缩机分为往复型和旋转型。往复型有曲轴型、旋转斜盘型和摆动斜盘型，旋转型有蜗杆型和叶片型，图3-6表示了各历史阶段采用的压缩机。各种类型压缩机的发展要满足市场上车辆质轻、紧凑、安静、节能以及舒适度的需求。现在，为了满足节能及舒适度的需求，汽车空调多采用可变排量压缩机。表3-2为各种类型压缩机的结构图。图3-7～图3-19所示为各种类型压缩机结构图。

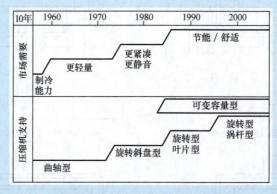

图3-6　压缩机的类型和发展历史

各种类型的压缩机结构图　　　　　　　　　　　　　　　　表3-2

压缩机形式	结　构　图
曲轴型	图3-7　曲轴型压缩机剖视图（止阀片、排出阀、阀板、活塞针、轴封、吸入阀、活塞、连接杆、曲轴）

续上表

压缩机形式	结 构 图
旋转斜盘型	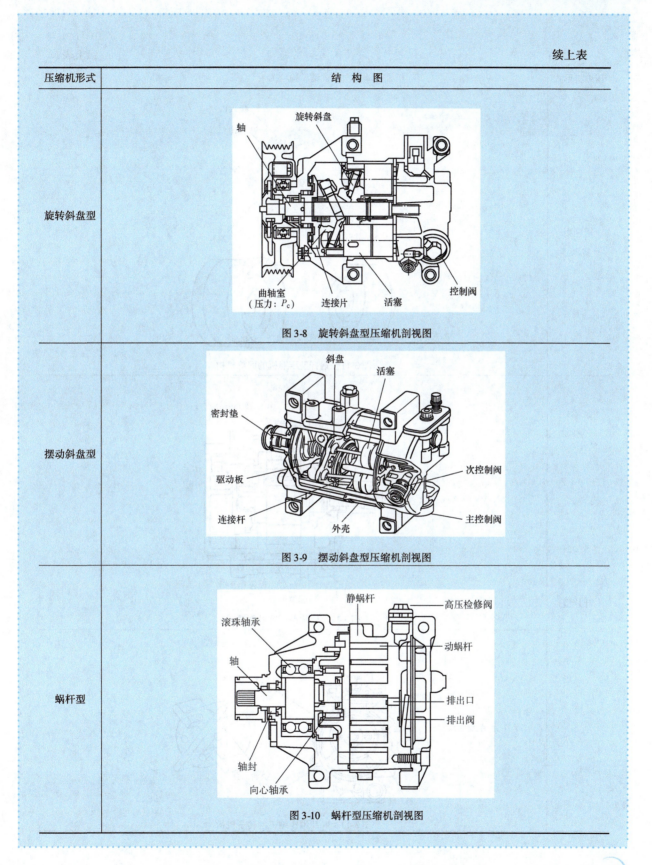
图 3-8　旋转斜盘型压缩机剖视图
摆动斜盘型	图 3-9　摆动斜盘型压缩机剖视图
蜗杆型	图 3-10　蜗杆型压缩机剖视图

续上表

压缩机形式	结 构 图
蜗杆型	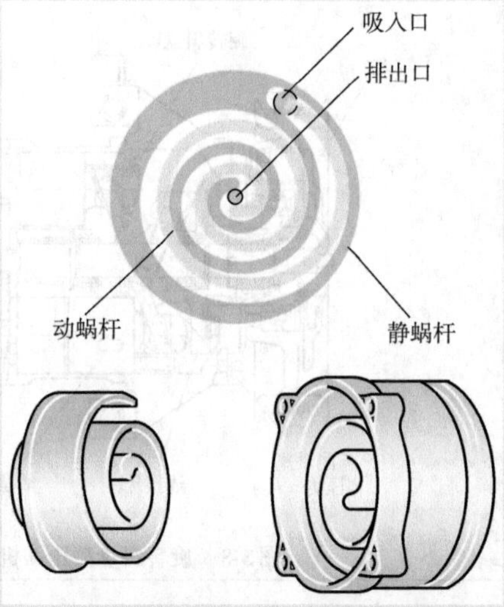 图 3-11　蜗杆型压缩机的回旋机构
叶片型	图 3-12　叶片型压缩机剖视图 图 3-13　叶片型压缩机的转子机构

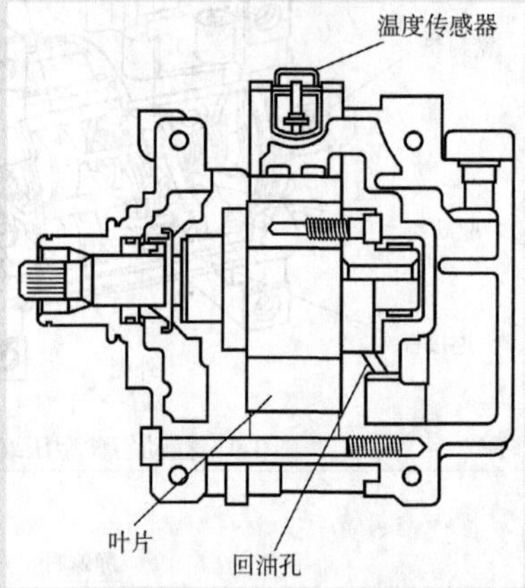

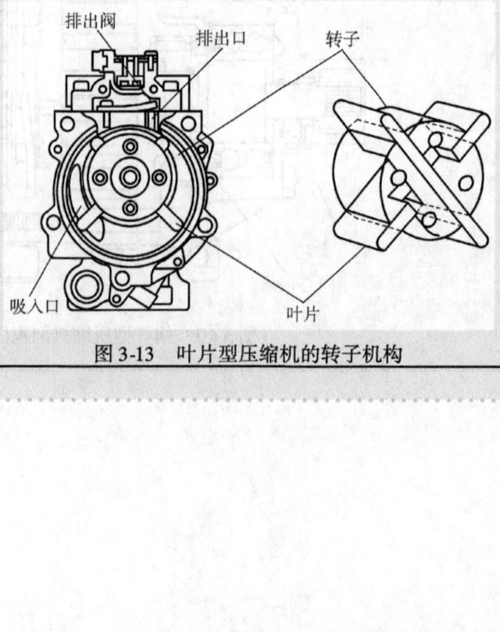

续上表

压缩机形式	结 构 图
滑片型	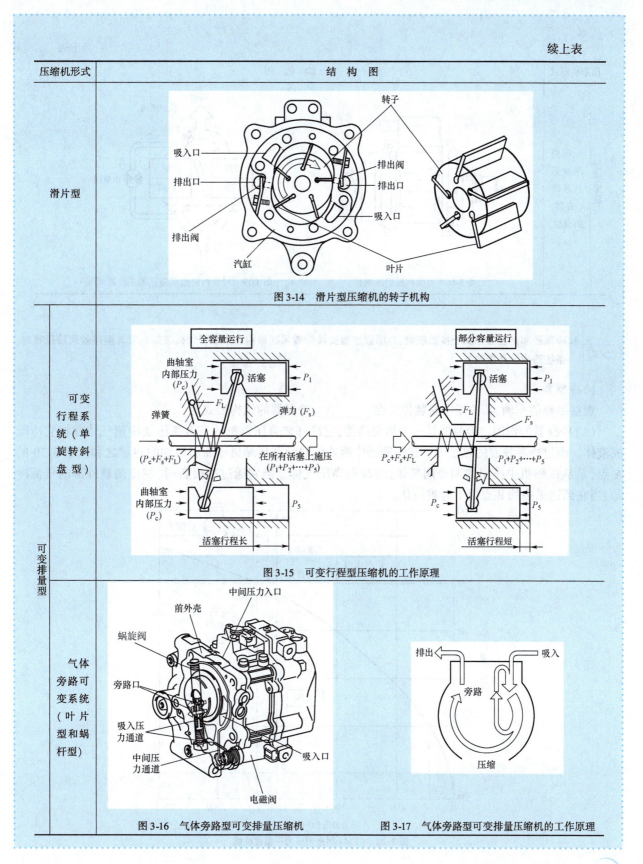图 3-14 滑片型压缩机的转子机构
可变排量型 可变行程系统（单旋转斜盘型）	图 3-15 可变行程型压缩机的工作原理
可变排量型 气体旁路可变系统（叶片型和蜗杆型）	图 3-16 气体旁路型可变排量压缩机　　图 3-17 气体旁路型可变排量压缩机的工作原理

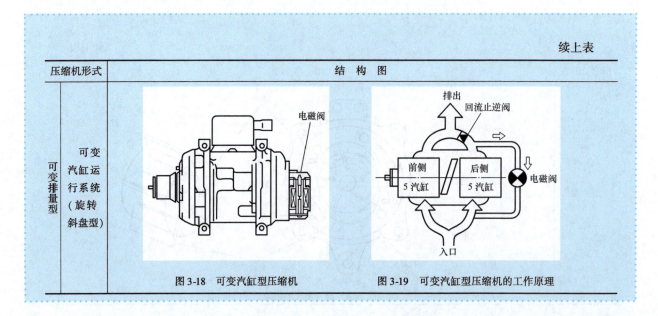

图3-18 可变汽缸型压缩机　　图3-19 可变汽缸型压缩机的工作原理

表格：
压缩机形式	结构图
可变排量型 可变汽缸运行系统（旋转斜盘型）	（见上图 3-18、3-19）

3. 冷凝器和蒸发器都属于换热装置，为增强热量交换的效果其结构上采取了什么措施？若其换热效果降低将对系统造成什么影响？

1) 冷凝器

观察维修的车辆，其冷凝器安装位置在_____，冷凝器的结构形式为_____。

(1) 冷凝器的作用。冷凝器是一个热交换器，它冷却来自压缩机的高温高压制冷剂气体并将它冷凝成液体。通过冷凝释放的热量等于在蒸发器中吸收的热量和压缩机压缩后增加的热量之和。图3-20的A点，是从压缩机中排出的制冷剂气体，是高温高压气体。当它通过冷凝管时，制冷剂被外部的气流冷却，当它到达图中的B点以下时被液化。

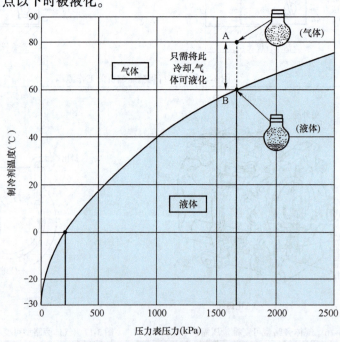

图3-20 R134a制冷剂压力—温度曲线

为使冷凝器正常工作,必须使冷凝器有足够的冷却能力,通风要良好。冷凝器由管道和翅片组成,一般轿车的冷凝器安装在散热器前方,如图3-21所示,由发动机冷却风扇或风扇冷却,工作时可利用汽车的迎面风更好地将热量排放出去。

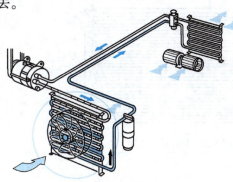

图3-21 冷凝器在空调系统中的安装位置

 小提示

连接冷凝器的管接头时,要注意进口与出口。从压缩机输送来的高压制冷剂蒸气必须从冷凝器上端入口进入,再流动到下部管道,冷凝成液态的制冷剂则沿下方出口流出而进入储液干燥器,此顺序勿接反。否则,会引起制冷系统压力升高、冷凝器胀裂的严重事故。

冷凝器未装连接管接头之前,不要长时间打开管口的保护盖,以免潮气进入。

(2)冷凝器的类型和结构,见表3-3和图3-22~图3-24。

冷凝器的类型和结构　　　　　　　　　　　　　　　　　表3-3

冷凝器的类型	结 构 特 点
管片式冷凝器　图3-22 管片式冷凝器的结构	管片式冷凝器的结构如图3-22所示,其制造工艺简单,是用胀管法将板状散热片胀紧在管道上。这种冷凝器的散热效率较低
管带式冷凝器　图3-23 管带式冷凝器	管带式冷凝器的结构如图3-23所示,管道是由一种连续的铝合金材料挤压成多孔通道的扁管,通过整体钎焊法将波状散热片连接在管道上。 管带式冷凝器的传热效率比管片式可提高15%~20%

冷凝器的类型		结构特点
鳍片式冷凝器	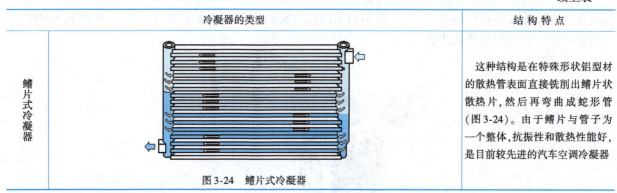 图 3-24　鳍片式冷凝器	这种结构是在特殊形状铝型材的散热管表面直接铣削出鳍片状散热片,然后再弯曲成蛇形管(图 3-24)。由于鳍片与管子为一个整体,抗振性和散热性能好,是目前较先进的汽车空调冷凝器

 小提示

由于 R134a 制冷系统的运行压力比较高,因此需要选择合适的冷凝器,采用鳍片式冷凝器比采用管带式冷凝器的效率提高 5% 左右。

(3)根据冷凝器的结构特点和工作原理,试分析冷凝器可能产生的故障。

 小提示

根据热力学知识可知,冷凝器的散热量等于蒸发器所吸收的热量和压缩机所做功之和。

2)蒸发器

(1)蒸发器的作用是将来自_____的低温、低压液态制冷剂在其管路中蒸发,从经过蒸发器的空气中吸取热量和水分使它变成干燥的冷空气,即产生冷效应。

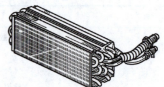

图 3-25　蒸发器的外观

(2)蒸发器的类型和结构。蒸发器的外观如图 3-25 所示。汽车空调蒸发器的结构形式见表 3-4 和图 3-26、图 3-27。

蒸发器的结构形式　　　　表 3-4

蒸发器的类型		结构特点
管带式蒸发器	图 3-26　管带式蒸发器	如图 3-26 所示,管带式蒸发器的结构与管带式冷凝器类似,但管路的长度较长,以保证制冷剂完全汽化

续上表

蒸发器的类型	结构特点
层叠式蒸发器 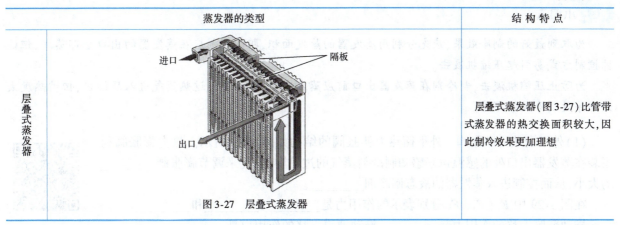 图3-27 层叠式蒸发器	层叠式蒸发器(图3-27)比管带式蒸发器的热交换面积较大,因此制冷效果更加理想

 4. 制冷系统节流装置的主要作用是节流降压,在 CCTXV 制冷系统中使用热力膨胀阀,而在 CCOT 制冷系统中使用节流管,两者的区别是什么?节流装置对系统的工作有何影响?

 小词典

CCTXV 制冷系统:采用热力膨胀阀的空调制冷系统。
CCOT 制冷系统:采用简单的节流管的空调制冷系统。

1)膨胀阀的作用

膨胀阀是将来自储液干燥过滤器的___液态制冷剂进行节流减压,并调节和控制进入蒸发器中的液态制冷剂量,使之适应制冷负荷的变化,同时可防止压缩机发生液击现象和蒸发器出口蒸气异常过热等现象。

 小词典

液击现象:未蒸发的液态制冷剂进入压缩机后被压缩,使系统压力异常升高,容易引起压缩机阀片损坏的不良现象。

2)热力膨胀阀的结构及工作原理

汽车空调的热力膨胀阀有内平衡、外平衡和 H 型三种形式,如图 3-28 所示。

图 3-28 膨胀阀的外观

小提示

为取到最好的制冷效果,应充分利用蒸发器的蒸发面积,即制冷剂应在蒸发器的出口全部蒸发,但这种控制方式易引起压缩机液击。

为防止压缩机液击,制冷剂在蒸发器出口前应蒸发完全,使其变成过热蒸气进入压缩机,但过热度太大会导致制冷效果下降。

(1)外平衡热力膨胀阀。外平衡热力膨胀阀的结构如图3-29所示。热力膨胀阀利用装在蒸发器出口处的感温包来感知制冷剂蒸气的过热度,由此来调节膨胀阀_____的大小,从而控制进入蒸发器的液态制冷剂_____。

在图3-29中F_1、F_2、F_3分别表示的作用力是_____、_____和_____。

推动薄膜上移的作用力是_____,推动薄膜下移的作用力是_____。

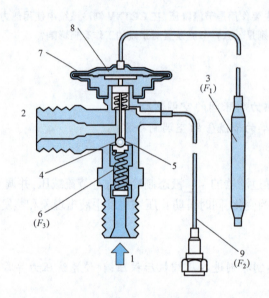

图3-29 外平衡热力膨胀阀的结构
1-自过滤干燥器;2-到蒸发器进口;3-毛细管;4-测量小孔;5-球阀;6-弹簧;7-薄膜;8-制冷剂;9-压力补偿管

球阀开度增大的条件是_____,此时进入蒸发器的制冷剂量_____(增加/减少)。

球阀开度减少的条件是_____,此时进入蒸发器的制冷剂量_____(增加/减少)。

 小词典

过热蒸气:蒸气在某压力下的温度,若高于该压力所对应的饱和温度时,这种蒸气就称为过热蒸气。
过热状态:过热蒸气所处的状态,称为过热状态。
过热度:过热蒸气比同压力下干饱和蒸气温度高出的值。

请在表3-5上,写出外平衡式热力膨胀阀各种工作状态(图3-30、图3-31)的工作过程。

外平衡式热力膨胀阀的工作状态　　　　　　　　　　表 3-5

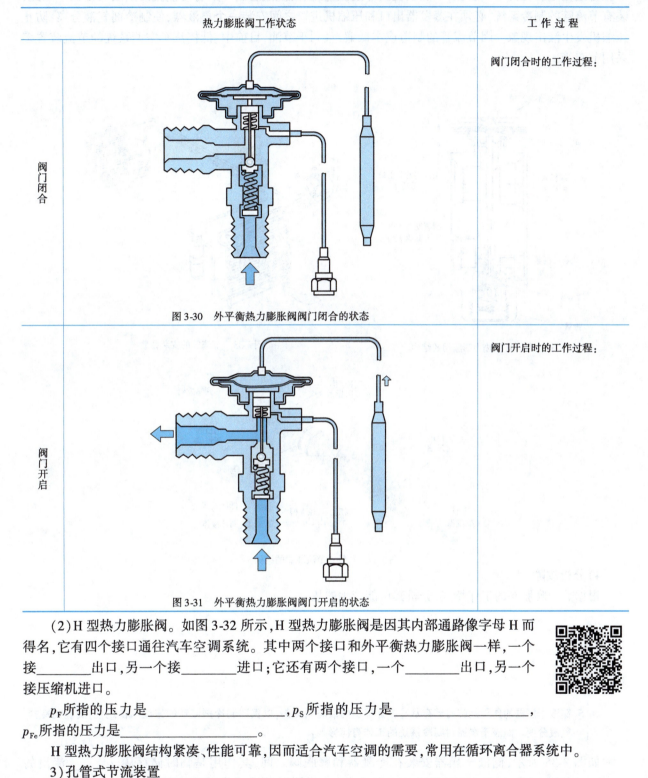

热力膨胀阀工作状态	工作过程
阀门闭合 图 3-30 外平衡热力膨胀阀阀门闭合的状态	阀门闭合时的工作过程：
阀门开启 图 3-31 外平衡热力膨胀阀阀门开启的状态	阀门开启时的工作过程：

（2）H 型热力膨胀阀。如图 3-32 所示，H 型热力膨胀阀是因其内部通路像字母 H 而得名，它有四个接口通往汽车空调系统。其中两个接口和外平衡热力膨胀阀一样，一个接_____出口，另一个接_____进口；它还有两个接口，一个_____出口，另一个接压缩机进口。

p_F 所指的压力是_____，p_S 所指的压力是_____，p_{Fe} 所指的压力是_____。

H 型热力膨胀阀结构紧凑、性能可靠，因而适合汽车空调的需要，常用在循环离合器系统中。

3）孔管式节流装置

孔管式节流装置，又称节流管。

如图 3-33 所示，节流管直接连通_____的出口和_____的进口。节流管的结构如图 3-34 所示，节流管是固定孔径的节流装置,不能改变制冷剂流量,从而使液态制冷剂有可能流出蒸发器出口。因此,装有节流管的制冷系统,必须在蒸发器出口和压缩机进口之间安装一个集液器,使制冷剂气液分离,防止压缩机发生液击现象。因节流管的制造成本低廉,且利于节油,目前中、低档汽车空调系统的节流装置多采用节流管。

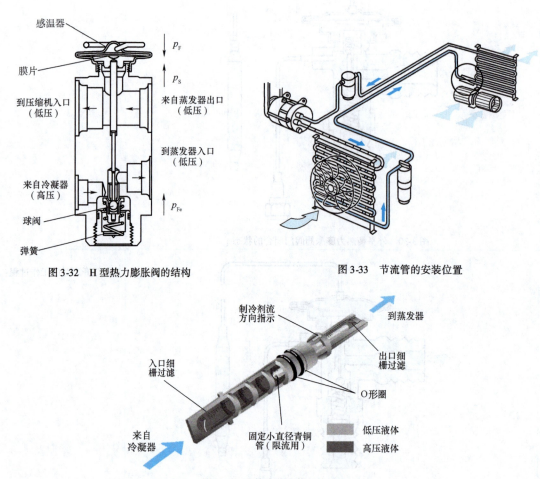

图 3-32 H 型热力膨胀阀的结构

图 3-33 节流管的安装位置

图 3-34 孔管式节流装置的结构

4)分析故障

根据热力膨胀阀的工作特点,分析其可能产生的故障。

5. 储液干燥器的作用是临时储存从冷凝器流出的液态制冷剂,以保证制冷剂流动的连续和稳定性,实现制冷剂气液分离。储液干燥器对制冷系统的工作有何影响?

如图 3-35 所示,储液干燥器安装在冷凝器和膨胀阀之间,其作用是临时储存从_____流出的_____态制冷剂。以便当制冷负荷变动和系统中有微漏时,能及时补充和调整供给_____的液态制冷剂量,以保证制冷剂流动的连续和稳定性。

学习任务3 制冷系统元件的诊断与维修

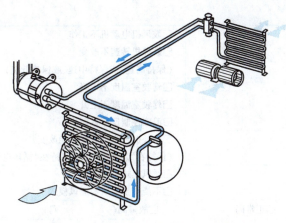

图3-35 储液干燥器在空调系统中的安装位置

 小提示

直立式储液干燥器,安装时一定要垂直,倾斜度不得超过15°。在安装新的储液干燥器之前,不得过早将其进出管口的包装打开,以免湿空气侵入储液干燥器和系统内部,使之失去除湿的作用。安装前要先明确储液干燥器的进、出口端,如果进、出口相互接反,则会导致制冷剂量不足,所以在安装时应特别注意。

根据储液干燥器的工作特点,分析其可能产生的故障。

 小提示

R12中的干燥剂为"硅胶",R134a中的干燥剂为"沸石",因此,这两种系统的储液干燥器不能混合使用。

二、计划与实施

 6. 在维修汽车空调前应与客户交流,记录客户反映的信息。为了保障客户的最大利益应首先对空调系统的故障作出初步的判断。

空调系统检查表见表3-6。

空调系统检查表　　　　　　　　　　　　表3-6

客户姓名		登记号	
		登记年号	
		VIN码	
车辆入厂日期		里程表读数	km
故障发生日期			
故障发生频率	□持续	□间歇(次/日)	
天气状况	□晴朗	□多云	□下雪 □多变/其他
车外温度	□炎热	□温暖	□凉爽 □寒冷(约 ℃)

续上表

症状	空气流量控制故障	□鼓风机电动机不工作 □鼓风机转速不改变 （保持高速，或保持中速，或保持低速）
	温度控制故障	□驾驶室温度不下降 □驾驶室温度不上升 □温度控制反应迟缓
	进气控制故障	□内外循环空气之间不能改变 （保持在"新鲜空气"或保持在"循环空气"）
	通风控制故障	□通风模式不能改变 □不能转换至所需通风模式
诊断码（故障码）调校核实	第一次	□正常码　　　　　□故障码（　　码）
	第二次	□正常码　　　　　□故障码（　　码）
表述故障现象		

在维修汽车空调前服务顾问进行车辆的预检，获取以上的故障信息，是一种有效的初步诊断方法。这些信息对维修技师来说是非常有用的，但不能作为正式修理的准确依据。需使用专用仪器和设备进行检测，以准确分析故障。

 7. 压缩机、冷凝器、储液干燥器或集液器、热力膨胀阀或节流管、蒸发器等部件工作不良都会导致系统的压力发生变化。查阅维修资料，制订歧管压力表检测制冷系统故障的计划并实施，分析故障原因。

（1）查阅维修资料，获取歧管压力表检测法的检测条件，连接歧管压力表并填写表3-7。

歧管压力表检测法的检测条件　　　　　表3-7

项　目	条　件
发动机的工作状态	
车辆的放置	
车门的状态	
汽车空调的状态	
发动机转速	
进气口控制门位置	
出风口门位置	
设定温度	
鼓风机转速	

（2）图3-36所示为制冷系统正常时用歧管压力表检查系统的压力，查阅维修资料并填写表3-8。

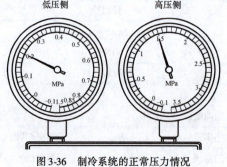

图3-36　制冷系统的正常压力情况

学习任务3 制冷系统元件的诊断与维修

制冷系统正常压力　　　　　　　　　　　　　　　　　表3-8

制 冷 剂	高压值(kPa)	低压值(kPa)
R134a		
R12		

 小提示

系统压力可能会因环境温度等不同而稍有不同。

（3）检测维修车辆制冷系统的高压压力为＿＿＿＿ kPa，该压力是＿＿＿＿（过高/正常/过低）；低压压力为＿＿＿＿ kPa，该压力是＿＿＿＿（过高/正常/过低）；这种压力属于表3-9中的哪种情况＿＿＿＿＿＿＿＿＿＿，这种情况导致了制冷效果＿＿＿＿＿＿＿＿＿＿（良好/较差/不好）。

根据表3-8给出的各种故障的压力情况（图3-37～图3-43）和现象，分析其原因和处理方法。

制冷系统各种故障的压力情况　　　　　　　　　　　　　表3-9

序号	压 力 情 况	现　　象	原因分析	处理方法
1	图3-37 制冷系统故障压力（一）	①低压侧和高压侧压力都低；②观察窗可以看到气泡流动；③制冷不足		
2	图3-38 制冷系统故障压力（二）	①低压侧和高压侧压力都高；②即使在低速时也看不到气泡；③制冷不足		
3	图3-39 制冷系统故障压力（三）	使用一段时间之后，低压侧逐渐显示真空，一段时间后又正常	水汽混入	

续上表

序号	压力情况	现象	原因分析	处理方法
4	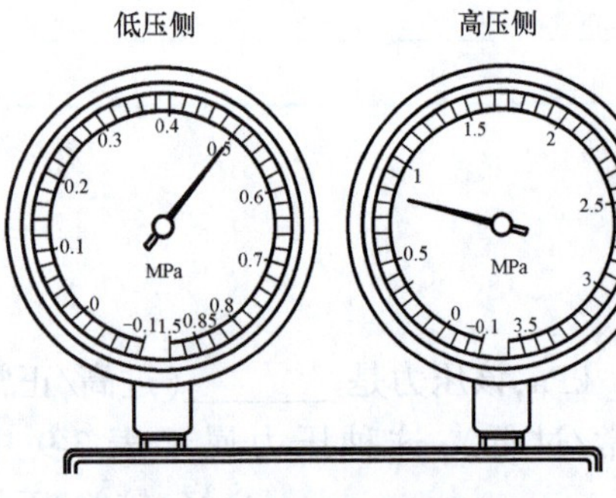 图3-40 制冷系统故障压力(四)	①低压侧压力特别高或者高压侧压力特别低；②关闭空调时，低压侧和高压侧压力立即变成相同		
5	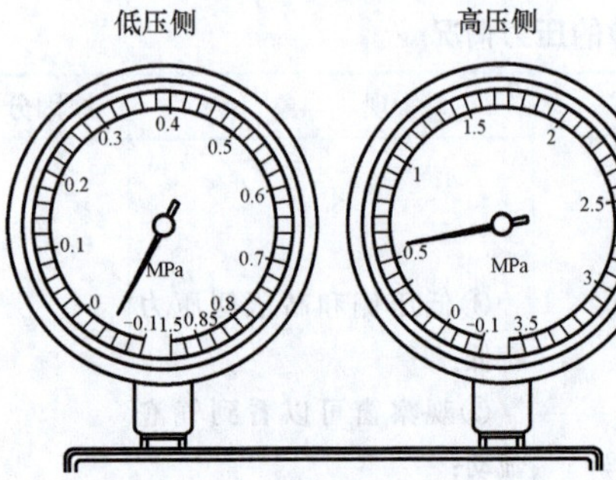 图3-41 制冷系统故障压力(五)	①如果循环管路完全阻塞，低压侧压力会立即显示真空。如果循环管路部分阻塞，低压侧会逐渐显示真空；②阻塞部位前后会有温差		
6	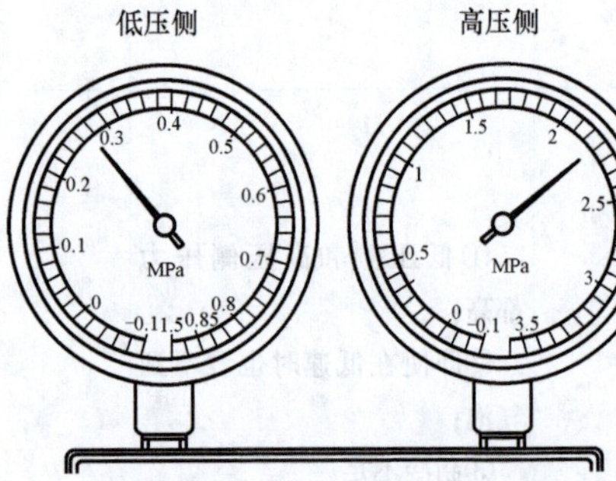 图3-42 制冷系统故障压力(六)	①低压侧和高压侧压力都高；②低压管触摸时感觉不冷；③观察窗可以看到气泡		
7	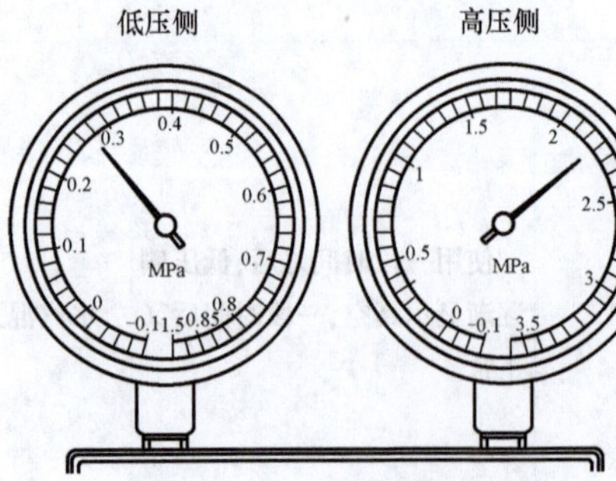 图3-43 制冷系统故障压力(七)	①低压侧和高压侧压力都高；②低压侧管路结霜		

8. 经诊断故障为压缩机工作不良所导致,查阅维修资料并制订更换压缩机的工作计划,并按计划实施。

1)检查和更换压缩机传动带

检查传动带的内容包括_____

_____。

如图3-44和图3-45所示,如何检查传动带的张紧度？

_____
_____
_____
_____
_____
_____
_____。

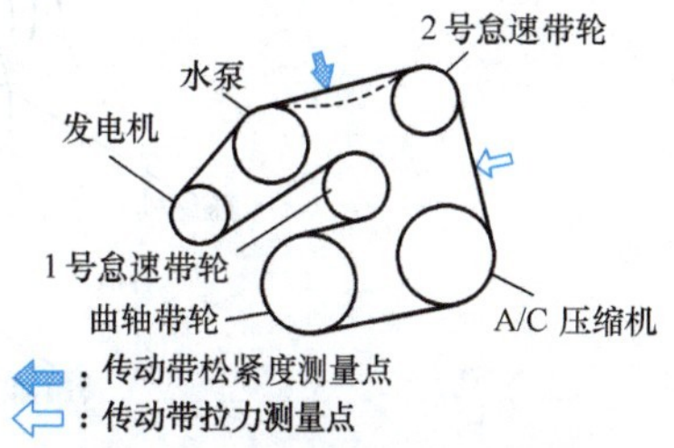

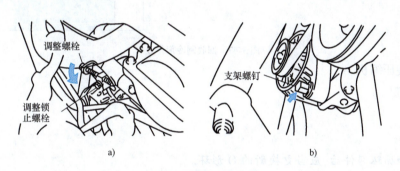

图3-44　检查传动带张紧度示意图

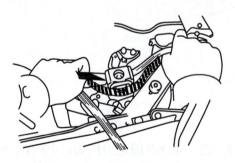

图3-45　调整传动带张紧度

若传动带不符合要求则需要更换。如图3-46所示,更换传动带的方法是怎样？

图3-46　更换新传动带

2)回收制冷剂

若需更换制冷元件,更换前需进行回收制冷剂。若不回收制冷剂,直接更换零部件将会造成的后果是_____

_____。

回收制冷剂作业如图3-47所示,请制订回收制冷剂的计划并实施。

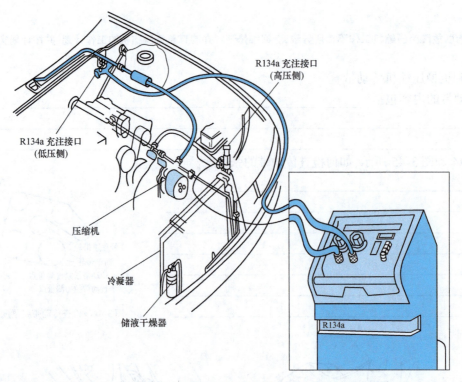

图 3-47 回收制冷剂作业

3）拆卸和安装压缩机

（1）拆卸压缩机。

 小提示

在拆卸配管和循环部件后，应当更换新的 O 形环。

为了避免损坏配管，使用一些较软的物品（如牙签）拆卸 O 形环，如图 3-48 所示。

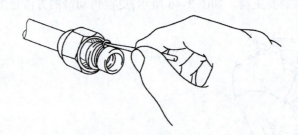

图 3-48 拆卸 O 形环

（2）安装压缩机。常见的制冷系统的连接接头有螺母型接头（图 3-49）和固定型接头（图 3-50）两种。固定型接头部位如图 3-51～图 3-53 所示。查阅维修资料完成表 3-10 和表 3-11，并按规定力矩拧紧接头。

 小提示

如果配管连接时接头拧得过紧，密封件易变形，O 形环可能被压坏；如果过松，则会导致气体泄漏，所以应按规定力矩拧紧接头。

学习任务3 制冷系统元件的诊断与维修

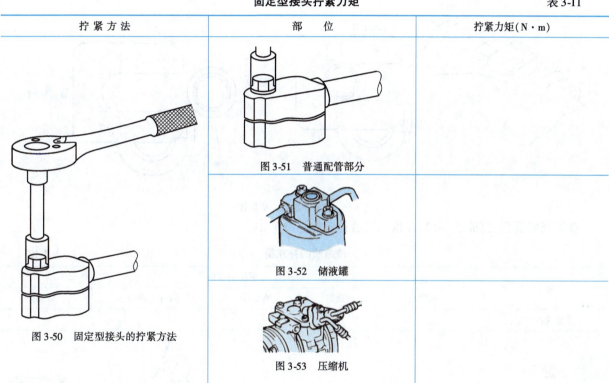

螺母型接头拧紧力矩　　　　　　　　　　　表3-10

拧紧方法	管子尺寸	拧紧力矩(N·m)
图3-49 螺母型接头的拧紧方法	φ8	
	D1/2″	
	D5/8″	

固定型接头拧紧力矩　　　　　　　　　　　表3-11

拧紧方法	部位	拧紧力矩(N·m)
图3-50 固定型接头的拧紧方法	图3-51 普通配管部分	
	图3-52 储液罐	
	图3-53 压缩机	

小提示

(1)连接配管时,在O形环上需涂上冷冻油。

(2)为确保连接零件的O形环上没有污垢和绒毛,不要戴着线手套触摸O形环。

(3)使用在R134a和R12系统上的O形环,由于其材料和尺寸均不同,故不能错用,否则会导致气体泄漏。

目前很多车辆使用了一种新型的接头——单触接头,如图3-54所示。其拆卸方法如图3-55和图3-56所示。

4)补充加注冷冻油

拆卸制冷剂循环管路零件时,如果更换了新零件,部分冷冻油可能会残留在旧零件中,从而导致制冷循环中的冷冻油不足。因此,更换零件时,必须补充冷冻油至指定量。

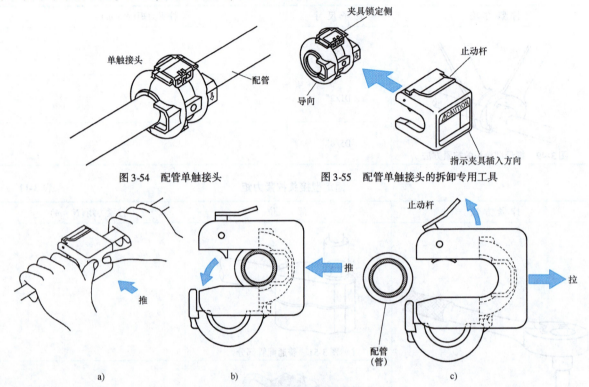

图 3-54 配管单触接头　　　图 3-55 配管单触接头的拆卸专用工具

图 3-56 配管单触接头的拆卸

查阅维修资料,完成表 3-12,并按规定量补充加注冷冻油。

冷冻油的补充量　　　　　　　　　　　　　　　表 3-12

项　目	更换的零件				
	压缩机	冷凝器	蒸发器	储液干燥器	管路
冷冻油的补充量(cm^3)					

 小提示

冷冻油具有很强的吸湿性,因此在使用后应立即密封冷冻油罐。

5) 系统抽真空作业

如图 3-57 所示,制订其工作计划并实施。

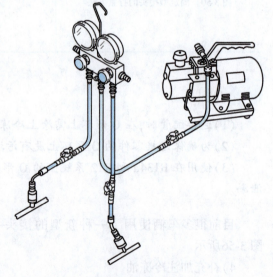

图 3-57 抽真空作业

6) 加注制冷剂

制订制冷系统加注制冷剂的工作计划并实施。

7) 系统检漏

系统检漏方法有_____。按经济性的要求进行系统的检漏。

8) 系统性能测试

系统性能测试如图 3-58 所示,制订计划并实施。

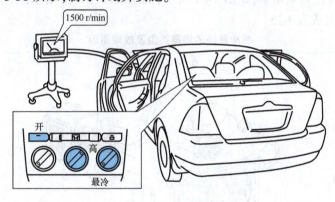

图 3-58 系统性能测试

9) 检测和更换压缩机

写出检测和更换压缩机的完整操作流程。

三、思政小课堂

四、评价反馈

1. 学习自测题

(1) 使用歧管压力表检测法诊断制冷系统故障,若为膨胀阀工作不良的故障,查阅维修资料,制订其更换计划。

(2) 制冷系统有很多种堵塞类型,包括高压端加注口后堵塞,如图 3-59 所示;高压端加注口前堵塞,如图 3-60 所示;低压端加注口后堵塞,如图 3-61 所示;低压端加注口前堵塞,如图 3-62 所示。根据所学知识分析其故障原因并完成表 3-13。

制冷系统的堵塞类型及故障原因　　　　表 3-13

故障现象	直观检查	原因
①高压侧压力高,低压侧压力低或正常; ②压缩机有噪声; ③高压开关无法关闭系统,但低压开关有可能关闭系统; ④堵塞前高压软管非常热; ⑤堵塞后高压软管从冷变热	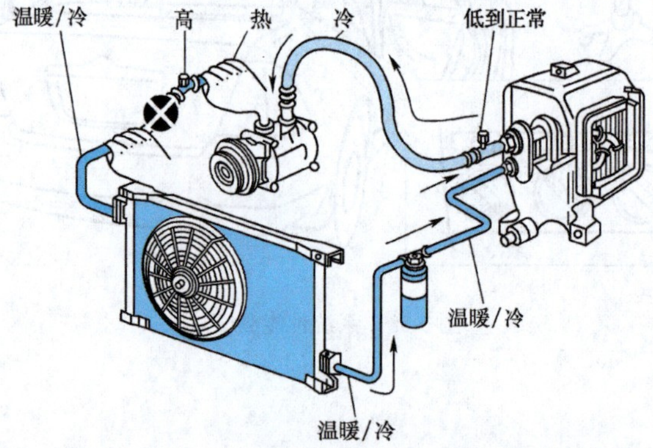 图 3-59　高压端加注口后堵塞	
①高压侧压力低,低压侧压力低或正常; ②压缩机噪声; ③高压开关无法关闭系统,但低压开关有可能关闭系统; ④堵塞发生前高压软管很热; ⑤堵塞后,软管从冷到热	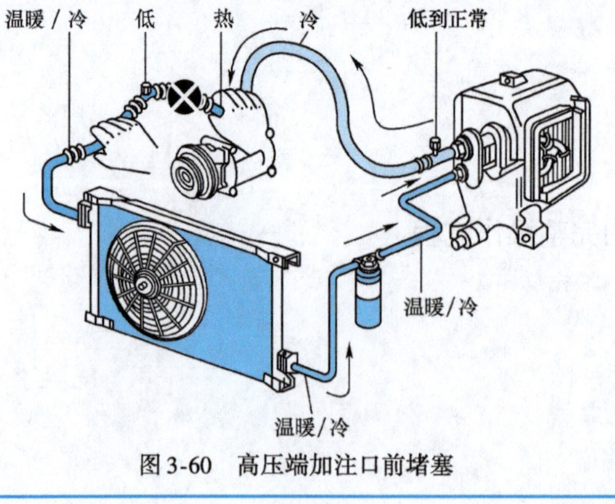 图 3-60　高压端加注口前堵塞	

续上表

故障现象	直观检查	原因
①高压侧压力低,低压侧压力高; ②低压开关能够关闭空调系统; ③低压软管于堵塞前结雾	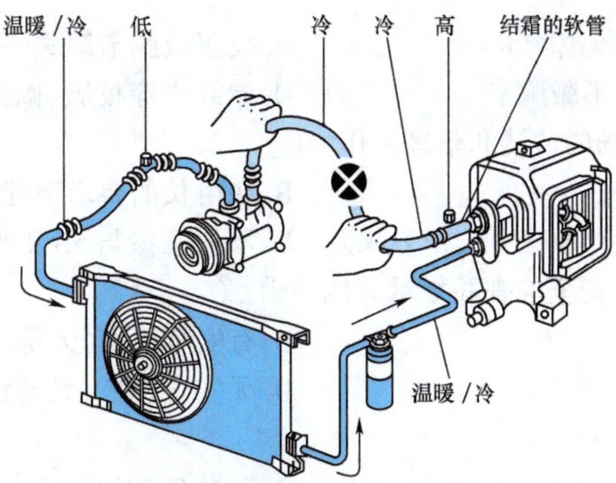 图3-61 低压端加注口后堵塞 (温暖/冷、低、冷、冷、高、结霜的软管、温暖/冷)	
①高压侧压力低,低压侧压力低或真空; ②低压开关能够关闭空调系统; ③低压软管于堵塞前结雾	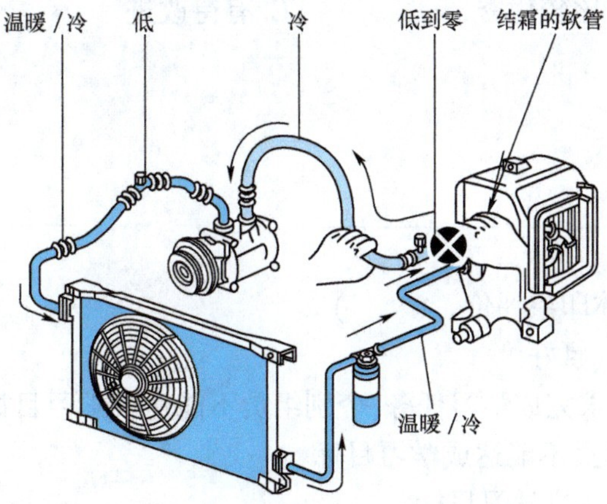 图3-62 低压端加注口前堵塞 (温暖/冷、低、冷、低到零、结霜的软管、温暖/冷)	

2. 学习目标达成度的自我检查(表3-14)

自我检查表　　　　　　　　　　　　　　表3-14

序号	学习目标	完成情况		
		能	不能	如果不能,是什么原因
1	叙述汽车空调制冷系统的工作原理,特别是制冷剂的状态变化			
2	叙述各元件的作用,小组合作分析各元件可能产生的故障			
3	小组合作,制订和实施歧管压力表法检测与诊断制冷系统的计划			
4	正确检测制冷系统的压力,并进行故障分析			
5	制订更换制冷系统元件的工作计划			

3. 日常表现性评价

(1) 工作页填写情况。(　　)
　　A. 填写完整　　　　B. 缺失 0~20%　　　　C. 缺失 20%~40%　　　　D. 缺失 40% 以上

(2) 工作着装是否规范？(　　)
　　A. 穿着校服(工作服)，佩戴胸卡　　　　B. 校服或胸卡缺失一项
　　C. 偶尔会既不穿校服又不戴胸卡　　　　D. 始终未穿校服、佩戴胸卡

(3) 能否主动参与工作现场的清洁和整理工作？(　　)
　　A. 积极主动参与 5S 工作　　　　　　　　B. 在组长的要求下能参与 5S 工作
　　C. 在组长的要求下能参与 5S 工作，但效果差　D. 不愿意参与 5S 工作

(4) 升降汽车时，有无进行安全检查并警示其他同学？(　　)
　　A. 有安全检查和警示　　　　　　　　　　B. 有安全检查，无警示
　　C. 无安全检查，有警示　　　　　　　　　　D. 无安全检查，无警示

(5) 是否达到全勤？(　　)
　　A. 全勤　　　　　　　　　　　　　　　　B. 缺勤 0~20%（有请假）
　　C. 缺勤 0~20%（旷课）　　　　　　　　　D. 缺勤 20% 以上

(6) 总体印象评价。(　　)
　　A. 非常优秀　　　　B. 比较优秀　　　　C. 有待改进　　　　　　　D. 急需改进

(7) 其他建议：

小组长签名：_____　　　　　_____年_____月_____日

4. 教师总体评价

(1) 对该同学所在小组整体印象评价。(　　)
　　A. 组长负责，组内学习气氛好
　　B. 组长能组织组员按要求完成学习任务，个别组员不能达成学习目标
　　C. 组内有 30% 以上的学员不能达成学习目标
　　D. 组内大部分学员不能达成学习目标

(2) 对该同学整体印象评价：
_____
_____
_____。

教师签名：_____　　　　　_____年_____月_____日

学习任务 4　电磁离合器控制电路的故障诊断与排除

三维目标

知识目标：
1. 叙述电磁离合器电路及其元件的作用、分类及工作原理；
2. 叙述鼓风机电路、散热器风扇电路的工作原理及与电磁离合器电路的关系。

技能目标：
1. 查阅维修资料，制订电磁离合器电路故障诊断的计划；
2. 对电磁离合器的典型故障作出正确的诊断及排除；
3. 对空调系统散热器风扇电路、冷却液温度过高等典型故障作出正确的诊断及排除。

素养目标：
1. 体验成功完成排除故障的成就感，感受规范技术工艺之美；
2. 在作业过程中能够认识持续学习和终身学习的必要性，培养德智体美劳全面发展，不断完善自我和适应职业发展与社会发展。

建议完成本学习任务为 14 学时

内容结构

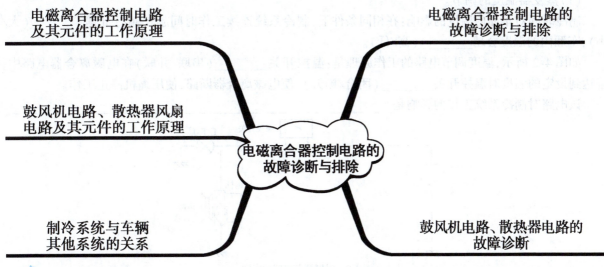

学习任务描述

某车辆启动空调后，鼓风机工作，散热器风扇也运转，但空调压缩机不吸合，客户反映其汽车空调不制冷，请检查和维修空调控制电路。

为了使汽车空调系统能正常工作,维持车厢的设定温度,空调系统中配备一系列控制元件和执行机构。若压缩机电磁离合器发生故障将导致制冷系统不能正常运行。

一、学习准备

1. 如图 4-1 所示,汽车空调电路包括压缩机电磁离合器电路、鼓风机控制电路、冷凝风扇控制电路、发动机怠速控制电路,各电路的作用和工作原理是怎样的?对制冷系统工作有什么影响?

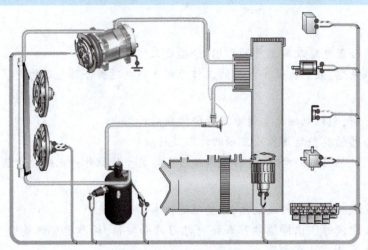

图 4-1　汽车空调电路示意图

1)压缩机电磁离合器电路

压缩机电磁离合器用于控制压缩机工作,在系统出现异常时使压缩机停止工作以保护系统元件或减少对组件的损坏。

(1)蒸发器温度的调节。

制冷时间对车厢内温度的影响:在相同条件下,制冷系统连续工作时间越长制冷量越_____(大/小),车厢内的温度会越_____(高/低)。

如图 4-2 所示,温度调节电路的工作原理是:温控开关_____(串联/并联)在电磁离合器电路中,若达到设定的温度时温控开关_____(闭合/断开),使电磁离合器断路,使压缩机停止工作。

该电路对制冷系统工作的影响是_____。

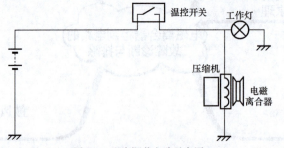

图 4-2　温度调节电路示意图

(2)蒸发器温度的控制。

蒸发器温度控制的原因:若蒸发器内的制冷剂压力过低,将导致蒸发器表面结霜,使制冷效果_____(升高/降低);同时,容易损坏系统元件。

蒸发器温度控制电路的工作原理:该开关与温度控制开关一体,当蒸发器的表面温度过低时应_____(打开/关闭)电磁离合器,避免蒸发器结霜。

在某些高级轿车上还设有压缩机双级控制系统功能,控制压缩机的利用率并改善燃料经济性和驾驶性能。该电路对制冷系统工作的影响是_____。

(3)制冷系统压力的控制。

系统压力异常的影响是:当系统压力过高时,会使系统元件_____;当系统压力过低时,会使系统_____。

如图4-3所示,压力开关的安装位置:在制冷系统_____(高压侧/低压侧)的管路上。当开关检测到制冷循环中的异常压力时,其将关闭压缩机以防止故障扩大从而保护制冷循环中的组件。

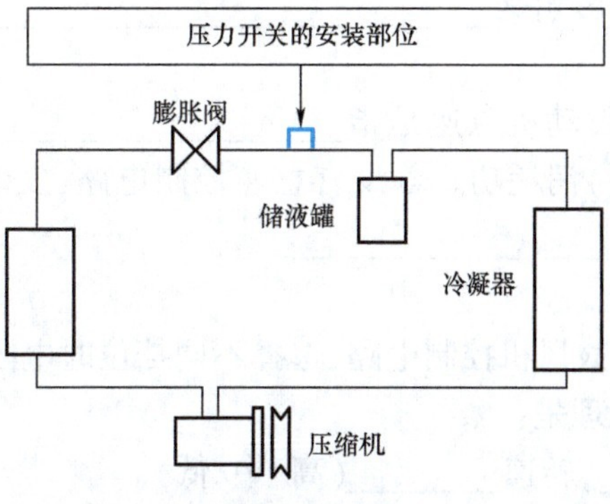

图4-3 压力开关的安装位置

压力控制电路的工作原理是:如图4-4所示,压力开关_____(串联/并联)在电磁离合器电路中。当检测压力异常时压力开关_____(断开/闭合),使电磁离合器电路断路,电磁离合器不工作。使用空调(A/C)放大器的系统则把压力开关信号发送到A/C放大器,由A/C进行控制。

该电路对制冷系统工作的影响是_____。

使用电磁离合器继电器的优点:图4-5比图4-4增加了电磁离合器继电器,其作用是_____。

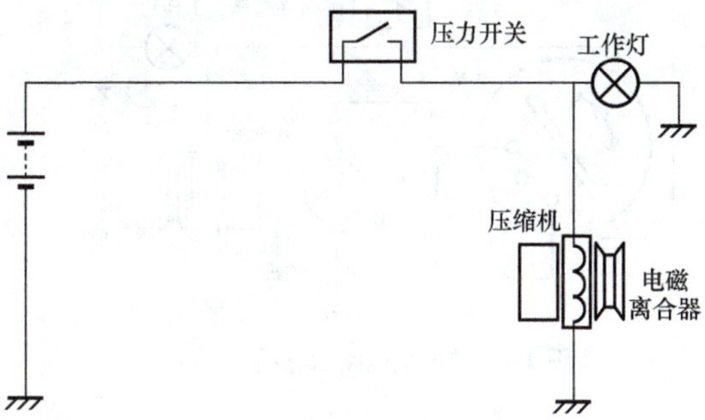

图4-4 压力开关电路示意图 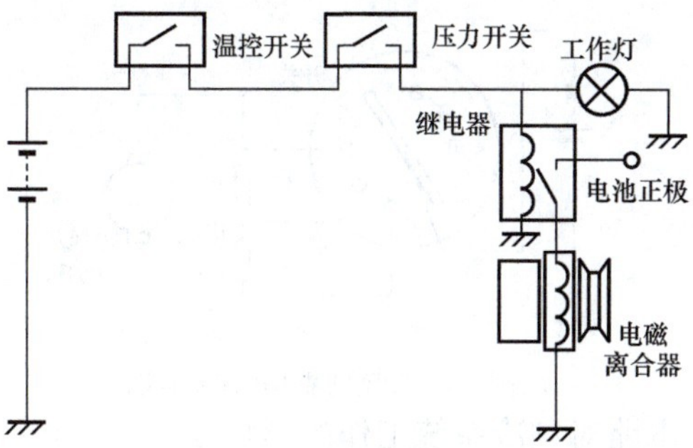　　图4-5 使用继电器的电路示意图

使用了空调放大器控制电磁离合器的优点:图4-6与图4-5相比采用了空调放大器,其优点是_____。

2)冷凝器风扇的控制

冷凝器的散热效果直接影响制冷效果。

如图4-7所示,冷凝器风扇电路的工作原理是:冷凝器风扇与电磁离合器_____(并联/串联),当电磁离合器运行时,冷凝器风扇_____。

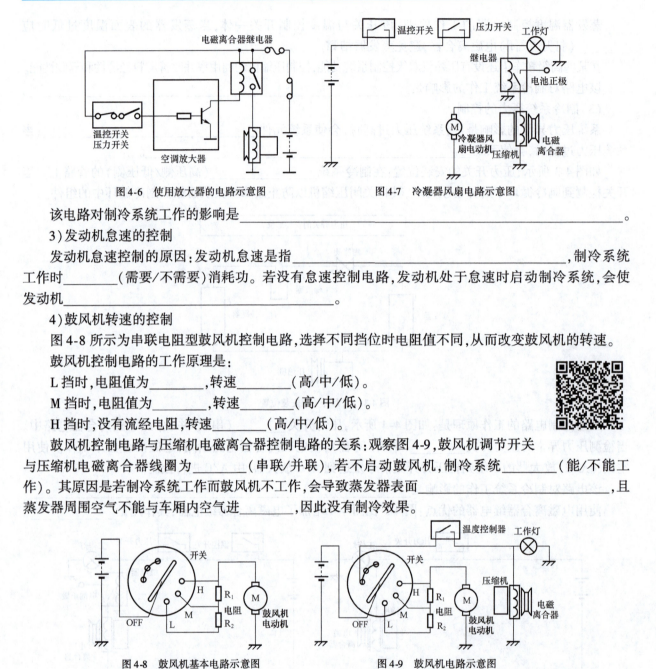

图4-6 使用放大器的电路示意图　　图4-7 冷凝器风扇电路示意图

该电路对制冷系统工作的影响是_____。

3) 发动机怠速的控制

发动机怠速控制的原因：发动机怠速是指_____，制冷系统工作时_____（需要/不需要）消耗功。若没有怠速控制电路，发动机处于怠速时启动制冷系统，会使发动机_____。

4) 鼓风机转速的控制

图4-8所示为串联电阻型鼓风机控制电路，选择不同挡位时电阻值不同，从而改变鼓风机的转速。

鼓风机控制电路的工作原理是：

L挡时，电阻值为_____，转速_____（高/中/低）。

M挡时，电阻值为_____，转速_____（高/中/低）。

H挡时，没有流经电阻，转速_____（高/中/低）。

鼓风机控制电路与压缩机电磁离合器控制电路的关系：观察图4-9，鼓风机调节开关与压缩机电磁离合器线圈为_____（串联/并联），若不启动鼓风机，制冷系统_____（能/不能工作）。其原因是若制冷系统工作而鼓风机不工作，会导致蒸发器表面_____，且蒸发器周围空气不能与车厢内空气进_____，因此没有制冷效果。

图4-8 鼓风机基本电路示意图　　图4-9 鼓风机电路示意图

该电路对制冷系统工作的影响是_____。

图4-10所示为电子调速型鼓风机控制电路，是将从ECM出来的低电流信号转换成高电流信号，改变鼓风机电动机的电压。鼓风机无级变速，而通常最高为13速。这种类型的速度控制器一般与ECC（Electronic Climate Control）系统一起使用。当选择最高鼓风机转速时，一般直接从蓄电池出来，只经过一个继电器。

2. 压缩机电磁离合器电路的作用是设定调节车厢内的温度，防止蒸发器表面结霜，防止系统在工作压力异常情况下工作，请分析其组成元件的工作原理及其导致电磁离合器不工作的原因。

1) 电磁离合器

如图4-11所示，电磁离合器的安装位置和作用是：电磁离合器是连接发动机和压缩机的装置，是由发动机通过传动带驱动。电磁离合器控制压缩机_____。

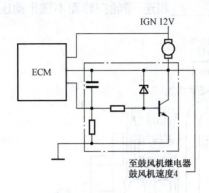

图 4-10　电子调速型鼓风机控制电路示意图　　　图 4-11　电磁离合器的安装位置

如图 4-12 所示,电磁离合器由定子(电磁体)、转子(带轮)、前板等元件组成。前板和压缩机轴安装在一起,定子通过卡子开口环固定到压缩机的前壳上。内线圈中产生的电磁力吸引前板贴近转子。转子包括轴承和带轮并在发动机正常运转时转动,通过发动机曲轴带轮和传动带把动力传送给压缩机的中心块。中心块包括离合器板的啮合件和压缩机轴,并通过啮合件把转子的动力传送给压缩机。

 小提示

前板和转子的分离是通过弹簧板或橡胶垫来实现的。为减少因电磁力的作用而使前板接触到转子时发出的噪声,现今广泛使用橡胶垫的方式。

图 4-13 所示为电磁离合器的工作模型,开关闭合后的工作过程是_____
_____
_____
_____。

开关断开后的工作过程是_____
_____
_____。

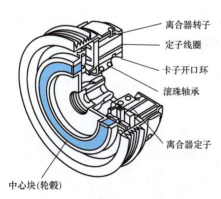

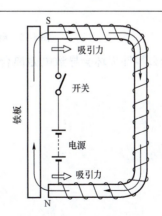

图 4-12　电磁离合器的结构　　　图 4-13　电磁离合器工作原理的示意图

如图 4-14 所示，当电磁离合器断开关闭，电流不会通过定子线圈，此时定子未产生_____，_____，因此前板不能与_____相连，带轮空转而不能带动压缩机工作。

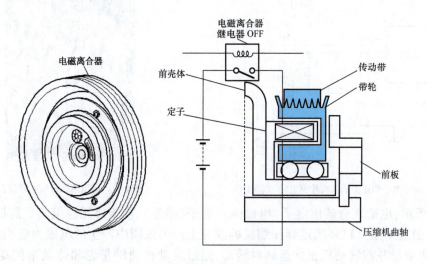

图 4-14　电磁离合器分离的工作状态

如图 4-15 所示，当定子线圈通电时，产生_____，吸引前板与_____相连，从而带轮的转动就带动了压缩机工作。

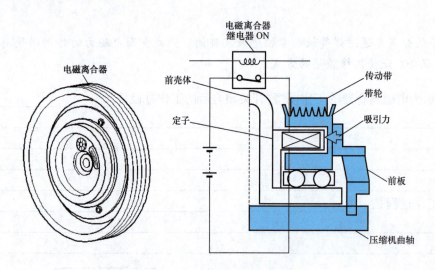

图 4-15　电磁离合器接合的工作状态

电磁离合器什么零件损坏会导致电磁离合器不工作或工作不良？

学习拓展

汽车空调压缩机一般采用电磁离合器来控制，随着技术的发展，一些高档车型上使用了可变排量压缩机，混合动力和纯电动车上使用了电动压缩机来实现制冷量的调节。

1. 可变排量压缩机

传统的压缩机排量是固定不变的，而现在许多新式空调系统采用了可变排气量的压缩机。在空调系统工作时，改变压缩机的排气量可以改变制冷量。

所谓的变排量压缩机，结构是基于传统的斜盘式或摇板式压缩机。传统的斜盘式或摇板式压缩机中，斜盘或摇板的偏转角度是固定不变的，即活塞的最大行程是固定的。而可变排量压缩机，通过调节斜盘或摇板的角度来调节活塞的最大行程，从而改变压缩机的排气量。可变排量压缩机变排量的控制方式有两种：一种是机械式可变排量，即在压缩机内部有调节阀，依据空调的管路压力自适应的改变压缩机的排量；另一种是电控可变排量，在原机械调节阀的基础上增加了一个电磁控制阀，压缩机的排量可以根据空调的制冷负荷进行调节，如图4-16所示。该压缩机由轴、接线板、活塞、滑蹄、曲轴箱、汽缸和电磁控制阀组成，曲轴箱与吸气通道相连，电磁控制阀安装在吸气通道（低压）和排放通道（高压）之间。空调控制单元从蒸发器出风口温度传感器获得信号，通过占空比控制电磁阀来调节吸气压力，使吸气压力可以根据需要进行调节。控制阀用于调节曲轴箱内的压力，当曲轴箱压力等于压缩机的吸气压力时，压缩机处于最大排量；当控制曲轴箱压力高于吸气压力后，斜盘或摇板角度减小，压缩机的排量减小。

如图4-17所示，电磁控制阀闭合（电磁线圈通电）时会产生一个压力差，曲轴箱内的压力降低。然后，作用在活塞右侧的压力将高于作用在活塞左侧的压力，这样就会压缩弹簧并倾斜接线板。因此，活塞行程增大且排量增加。

如图4-18所示，电磁控制阀打开（电磁线圈不通电）时，压力差消失。然后，作用在活塞左侧的压力将变得与作用在活塞右侧的压力相同。因此，弹簧伸长并消除接线板的倾斜，从而使活塞行程减小且排量减少。

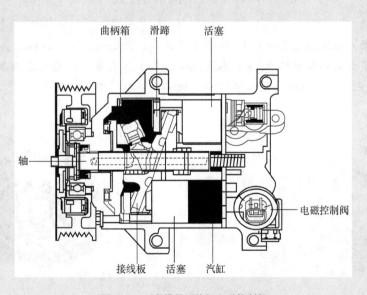

图4-16 可变排量压缩机电磁控制阀

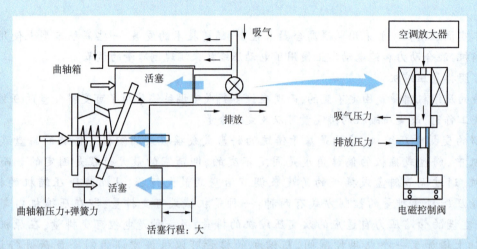

图 4-17　电磁控制阀闭合时的工作过程

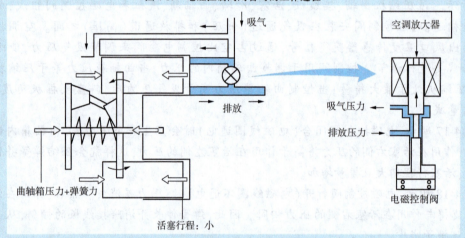

图 4-18　电磁控制阀打开时的工作过程

2. 电动压缩机

在现代混合动力以及纯电动汽车上，空调系统通常使用电动空调压缩机。其结构如图 4-19 所示。该压缩机除了由电动机驱动外，其基本构造和工作原理与普通涡旋式压缩机相同。电动压缩机内包含逆变器、三相无电刷的驱动电动机和高效率蜗杆型压缩机三部分。

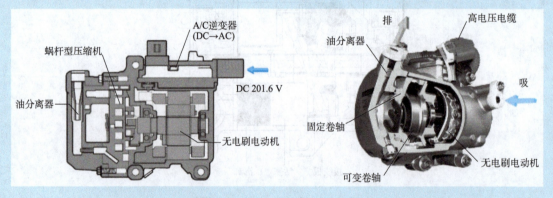

图 4-19　电动压缩机

电动压缩机工作控制过程如图4-20所示，A/C逆变器将HV电池发出的直流201.6V转换为交流201.6V，并驱动压缩机。其转速是由空调ECU根据目标蒸发器温度(车内温度传感器、阳光传感器、实际蒸发温度传感器等各种信号)控制压缩机的目标转速。转速可以在800~9000r/min的宽广转速范围内进行无级调节，有效控制制冷剂循环量从而精确控制空调制冷量。另外，循环工作的低温低压的制冷剂气流经过驱动电动机还可以吸收电动机工作产生的热量，从而达到散热的效果。由于压缩机由电驱动，空调系统可以不依赖发动机的运行即可工作，因此能提供舒适的空调环境并实现较低的油耗。

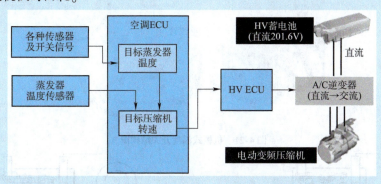

图4-20 电动压缩机控制原理

 小提示

带逆变器的电动压缩机使用了电动机驱动，需使用具有高绝缘性的润滑油，以丰田混合动力汽车为例，其采用ND-OIL11型号的空调压缩机机油。切勿使用ND-OIL8、ND-OIL9、ND-OIL10或其他油混合在空调循环里，以防绝缘性能降低，导致漏电。

2)温度开关

温度开关的作用是防止蒸发器表面温度降低到0℃，并可根据驾驶人设定的温度来控制压缩机电磁离合器的电路。

(1)机械式温度开关。

图4-21所示为机械式温度开关，温度开关毛细管安装在蒸发器表面上，可感应蒸发器表面的温度。温度开关和毛细管内含有_____，当毛细管的温度变化时会引起膨胀或者收缩。

如图4-22所示，当感受到蒸发器表面温度较低时，毛细管中的制冷剂_____(收缩/膨胀)，温度开关中的触点会_____(闭合/断开)，使压缩机电磁离合器电路_____(接通/断开)。

如图4-23所示，当温度升高至预先设定的温度时，温度开关中的触点会_____(闭合/断开)，使压缩机电磁离合器电路_____(接通/断开)。

(2)热敏电阻式温度开关。

图4-24所示为热敏电阻式温度开关。

如图4-25所示，热敏电阻式温度开关由_____和_____组成；通过_____检测蒸发器的表面温度，当温度低于设定温度时，使电磁离合器电路_____(接通/断开)。

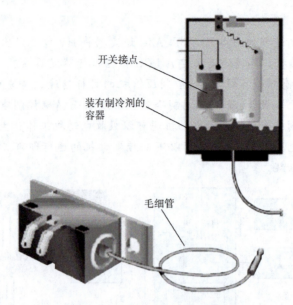

图 4-21 机械式温度开关结构图

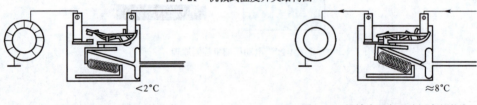

图 4-22 机械式温度开关断开的状态　　　　图 4-23 机械式温度开关闭合的状态

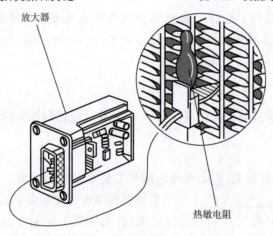

图 4-24 热敏电阻式温度开关组成

小提示

放大器是一个含有电路板与电子器件的小型电子装置。热敏电阻的阻抗被放大并用来控制和转换电磁离合器的开闭状态。

温度开关会导致电磁离合器不工作吗？其原因是＿＿＿＿＿＿＿＿＿＿＿＿＿＿＿＿＿＿＿＿

＿＿。

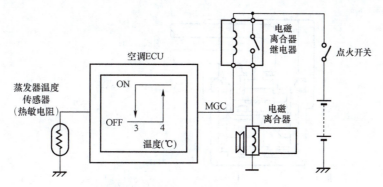

图 4-25 热敏电阻式温度开关电路图

3）压力开关

如图 4-26 所示，压力开关的工作原理是感应到管路压力使膜片上移或下吸，推动动触点与定触点接触或分开，从而控制电磁离合器或风扇电动机工作。

（1）低压压力开关是用来防止系统在异常低压压力（小于 200kPa）下工作，保护压缩机不在缺少制冷剂的情况下空转，以免压缩机因缺乏冷冻油而遭受破坏。导致系统压力低的原因有哪些？

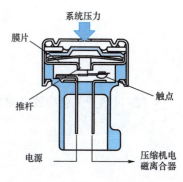

图 4-26 压力开关的结构

（2）高压压力开关是用来防止系统在异常高压压力（超过 3100kPa）下工作，保护系统不受损坏。高压压力开关的作用有两个：一是自动切断电磁离合器的电路，使压缩机停转；二是接通冷凝器风扇高速挡电路，自动提高风扇转速，以降低冷凝器温度和压力。导致系统压力异常高的原因有哪些？

4）过热开关

某些车型上的压缩机有一个过热开关，防止由于缺少制冷剂造成压缩机因缺乏冷冻油而过热损坏。

（1）如图 4-27 所示，过热开关的安装位置在压缩机的_____。过热开关串接在电磁离合器电路上，在正常情况下，此开关的触点处于闭合位置。当制冷剂温度达到预先设定的温度时，双金属开关变形使推杆上移，推动动触点离开定触点，使过热开关_____（闭合/断开），从而使压缩机_____（停转/运转），防止压缩机咬死。

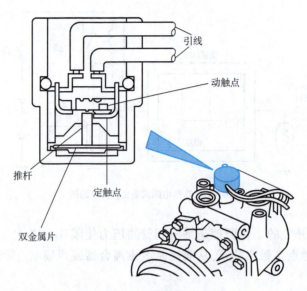

图4-27 过热开关的安装位置及结构

(2)过热开关会导致电磁离合器不工作吗？其原因是什么？

5)离合器二极管保护装置

离合器线圈工作时产生强磁场,断开时磁场消失并造成很高的冲击电压,这些冲击电压对电器元件具有危害。为避免电磁离合器损坏,通常采用二极管与电磁离合器线圈并联,如图4-28所示。此二极管一般固定在离合器线圈的接插件中。

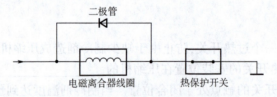

图4-28 离合器二极管保护装置的工作原理

3. 汽车制冷系统工作时需要消耗发动机的动力。当发动机处于怠速时,空调系统需将发动机的转速提高,以免造成发动机怠速不稳甚至熄火。请分析怠速控制电路的工作原理,以及汽车空调系统与车辆其他系统的关系。

由发动机驱动的空调系统中一般都设有怠速控制器,其目的是当汽车发动机转速过低时,为保证发动机正常运转,防止发动机过热而采取的一种自控措施。

图4-29所示为典型的怠速控制原理图,由空调ECU给发动机ECU发送A/C信号,并由发动机ECU

控制节气门电动机开度,从而改变进入发动机的_____,使发动机转速改变。

当怠速控制系统出现故障时,对制冷系统和发动机分别有什么影响？

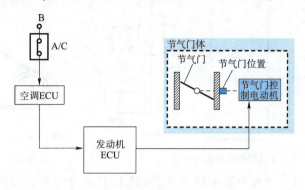

图4-29　典型的怠速控制原理

学习拓展

因为制冷系统的动力来自发动机,所以制冷系统工作时,发动机就增加了一个负荷。为了减少制冷系统对车辆行驶的影响,某些车辆上设有低速切断控制装置、加速切断控制装置和压缩机锁定切断控制。

(1)低速切断控制装置。

低速切断控制装置控制方式如图4-30所示,当发动机ECU检测到发动机的空转转速低于指定的怠速转速,发动机ECU将切断电磁离合器电路,从而减少发动机的负荷。此控制的主要目的是防止由于发动机转速突然下降而造成的停机。

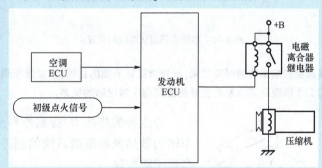

图4-30　低速切断控制原理

(2)加速切断控制装置。

当车辆加速特别是从低速加速时,需要很大的发动机输出功率。当加速器在低速完全打开时,为了有效地将所有的发动机输出功率用于加速并维持制冷效果,电磁离合器需要关闭几秒以降低发动机的负荷。加速切断的控制方式如图4-31所示,发动机ECU根据发动机转速、节气门开度、歧管真空度和车辆速度等信号,判断是否向电磁离合器电路输出切断空调系统工作的信号。

(3)压缩机锁定切断控制装置。

如图4-32所示,压缩机和动力转向泵通过相同的传动带由发动机驱动。若压缩机锁定后仍继续工作,不但会损坏传动带而且会严重影响动力转向装置的工作。所以一旦压缩机被锁定,就需要切断电磁离合器并停止压缩机。

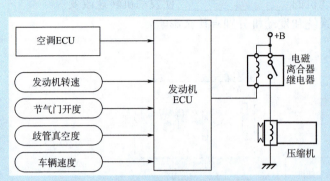

图 4-31　加速切断控制原理

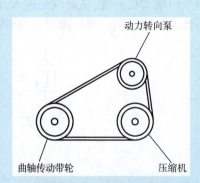

图 4-32　压缩机的驱动

压缩机锁定切断的控制方式如图 4-33 所示，空调 ECU 通过比较压缩机转速和发动机转速来检测传动带打滑的情况。如果打滑状况高于预定状况，空调 ECU 给发动机发送"锁定判定"信号，由发动机 ECU 切断电磁离合器电路。

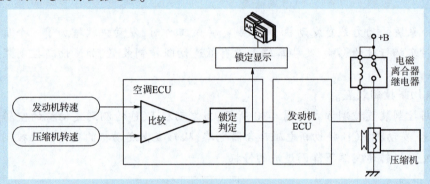

图 4-33　压缩机锁定切断控制原理

4. 冷凝器的散热效果直接影响系统的制冷效果，此外为实现节能的目的，大多数车辆的散热器风扇采用高、低转速控制。请分析其工作原理及其与发动机散热器风扇控制电路的关系。

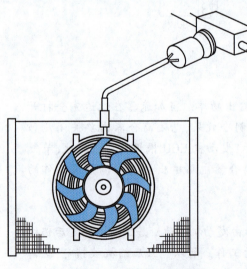

图 4-34　散热器风扇的组成

为改善散热能力、提高燃料经济性和减少噪声，现代车辆的散热风扇根据系统的制冷剂压力采用停止、低速、高速三级控制。

如图 4-34 所示，该控制方式的主要组成包括_____和_____。其工作特点是：当制冷系统工作且压力低时，风扇工作并_____（低速/高速）运转；当系统内压力升到设定值，风扇_____（低速/高速）运转。

现代的车辆多装有散热器风扇和冷凝器风扇两台风扇，如图 4-35 所示。

当空调系统运行时，根据制冷剂压力和冷却剂温度的情况，两台风扇可通过切换连接方式，实现高低转速控制。如图 4-36a）所示，当制冷剂压力低或发动机冷却液温度低时，两台风扇串联连接，风扇低速运转；如

图4-36b)所示,当制冷剂压力高或发动机冷却液温度高时,两台风扇并联连接,风扇高速运转。

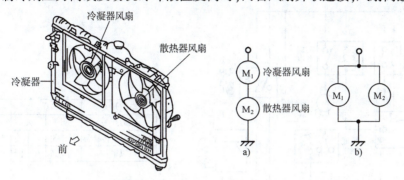

图4-35 冷凝器风扇和散热器风扇　　图4-36 高低速控制方法

图4-37所示为典型的散热器风扇控制电路。该电路图所表示的状态为_____,在图上用彩笔画出另一状态并分析其工作原理。

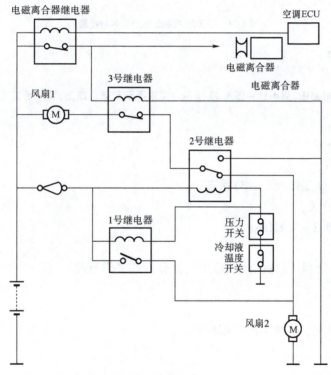

图4-37 典型的散热器风扇控制电路

散热器风扇工作不良对制冷系统有哪些影响?

有哪些原因导致散热器风扇工作不良?

新车型中不仅有用继电器通过串联或并联来切换风扇的连接,还有用发动机ECU和冷却风扇ECU调整电流控制风扇的转速,如图4-38所示。

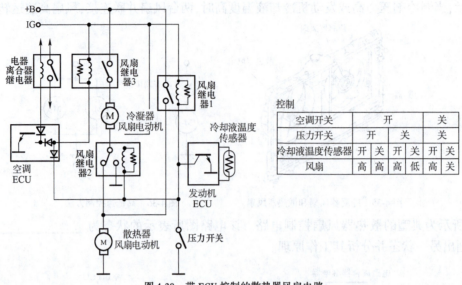

图 4-38 带 ECU 控制的散热器风扇电路

二、计划与实施

 5. 查找维修车辆的电路图,图 4-39 ~ 图 4-42 所示为宝来手动空调电路图,请分析其工作原理和电磁离合器不工作的原因。

(1) 分析压缩机线路。
①压缩机工作的条件:
鼓风机处于_____(工作/非工作)状态;
按下 E35 _____开关;
制冷系统的压力在 0.2 ~ 3.2MPa;
环境温度在 0℃以上。
②参考宝来电路图,绘制压缩机电路"简图",并分析其工作原理。

(2) 导致电磁离合器不工作的原因有哪些?

 6. 查阅维修手册,在教师指导下,制订和实施电磁离合器不工作的诊断排除计划。

(1) 检查电磁离合器线圈的电阻值(图 4-43)。

 小提示

(1) 电磁离合器线圈的电阻值一般为 $3.6\Omega \pm 0.20\Omega$,若电阻值不在规定的范围内,应更换电磁线圈。
(2) 检查压盘有没有噪声,空调打开或关闭时,检查压盘处有无异常的金属噪声,如果有异常的金属噪声,则更换电磁离合器。
(3) 检查离合器轴承部位是否漏油;检查压盘上有无油迹。

(4)如图4-44所示,检查电磁离合器间隙,如果不在规定间隙范围,用垫片将间隙调整到规定范围内。

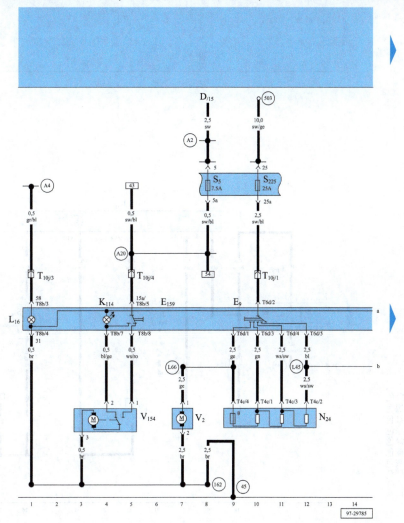

D	-点火开关
E_9	-新鲜空气鼓风机开关
E_{159}	-新鲜空气/循环空气翻板开关
K_{114}	-新鲜空气及循环空气指示灯
L_{16}	-新鲜空气调节机构照明灯
N_{24}	-带过热熔断丝的新鲜空气鼓风机串联电阻
S_5	-熔断丝支架上5号熔断丝
S_{225}	-熔断丝支架上25号熔断丝
T4c	-插头,4孔
T6d	-插头,6孔
T8b	-插头,8孔
T10j	-插头,10孔,在仪表板中后部
V_2	-新鲜空气鼓风机
V_{154}	-新鲜空气/循环空气翻板伺服电动机
(45)	-搭铁点,在仪表板中后部
(162)	-搭铁连接,在鼓风机线束内
(503)	-螺栓连接(75X),在继电器盘上
(A2)	-正极连接(15),在仪表板线束内
(A4)	-正极连接(58b),在仪表板线束内
(A20)	-连接(15a),在仪表板线束内
(L45)	-连接,在空调操纵机构线束内
(L66)	-连接,暖风鼓风机线束内

图4-39 鼓风机开关、循环空气翻板开关、鼓风机、循环空气翻板伺服电动机

汽车空调系统维修工作页（第3版）

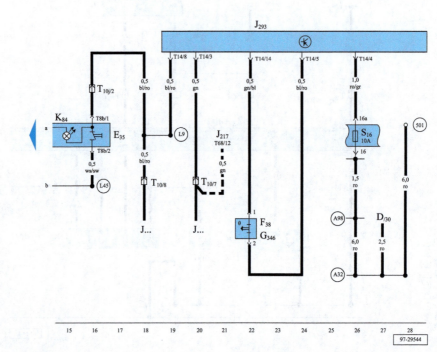

D	—点火开关
E_{35}	—空调开关
F_{38}	—外部温度开关(1999年9月前)
G_{346}	—压缩机切断温度传感器(自1999年10月起)
J_{217}	—自动变速器控制单元
J_{293}	—冷却风扇控制单元，在发动机舱左前部
J...	—发动机控制单元
K_{84}	—空调指示灯
S_{16}	—熔断丝支架上16号熔断丝
T8b	—插头，8孔
T_{10}	—插头，10孔，橙色，在插头保护壳体内，流水槽左侧
T_{10j}	—插头，10孔，在仪表板中后部
T14	—插头，14孔
T68	—插头，68孔

(501)	—螺栓连接 -2-(30)，在继电器盘上
(A32)	—正极连接 (30)，在仪表板线束内
(A98)	—正极连接 -4- (30)，在仪表板线束内
(L9)	—连接 -1-，在空调线束内
(L45)	—连接，在空调操纵机构线束内

- - - - 仅指ARZ,AGN,AQY,APK,AZH,ATF,AGZ,AZJ发动机

图 4-40　冷却风扇控制单元、空调开关、外部温度开关、压缩机切断温度传感器

学习任务4 电磁离合器控制电路的故障诊断与排除

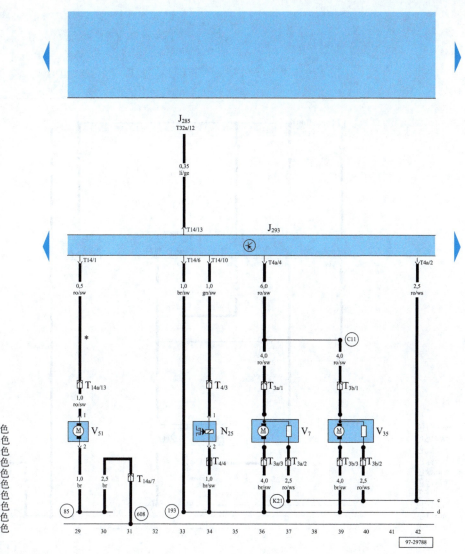

J_{285}	—带显示器的控制单元(在组合仪表内)
J_{293}	—冷却风扇控制单元,在发动机舱左前侧
N_{25}	—空调电磁离合器
T_{3a}	—插头,3孔,在发动机舱左前部
T_{3b}	—插头,3孔,在发动机舱左前部
T_4	—插头,4孔,起动机附近
T_{4a}	—插头,4孔
T_{14}	—插头,14孔
T_{14a}	—插头,14孔,发动机舱内左侧电缆槽内
T_{32a}	—插头,32孔,绿色,在组合仪表上
V_7	—冷却风扇
V_{35}	—右侧冷却风扇
V_{51}	—冷却液补偿泵
(85)	—搭铁连接 -1-,在发动机舱线束内
(193)	—搭铁连接 -1-,在冷却风扇线束内
(608)	—搭铁点,在流水槽中部
(C11)	—连接,在冷却风扇线束内
(K21)	—连接 -1-,在冷却风扇线束内
*	—仅指5缸和6缸发动机的车

图4-41 冷却风扇控制单元、冷却风扇、空调电磁离合器、冷却液补偿泵

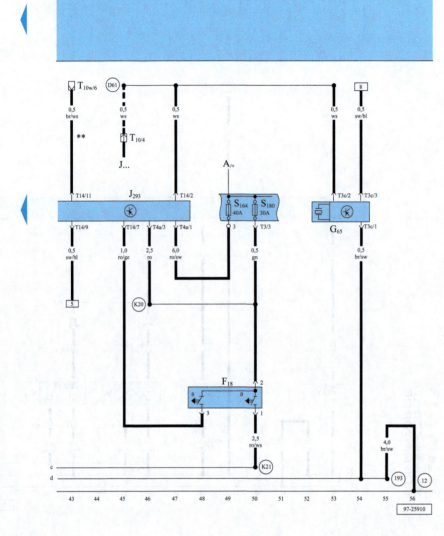

图 4-42 冷却风扇控制单元、冷却风扇热敏开关、高压传感器

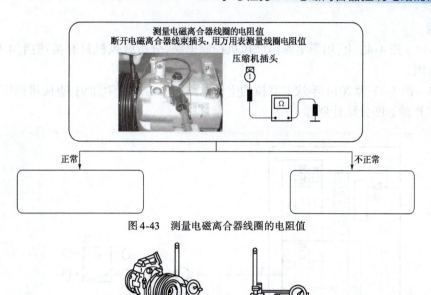

图 4-43 测量电磁离合器线圈的电阻值

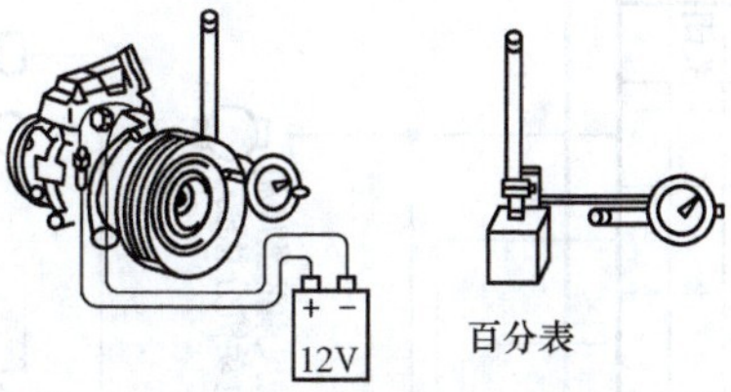

图 4-44 检查电磁离合器间隙

（2）检查电磁离合器的电路，并排除故障（表 4-1）。

表 4-1

	故障：客户投诉电磁离合器不工作		
测试步骤	测试/测量	目标	实际效果
1			
2			
3			
4			
5			
6			
7			

故障描述：_____
_____。

三、思政小课堂

四、评价反馈

1. 学习自测题

（1）在图 4-39～图 4-42 上，用彩笔画出散热器风扇的控制电路，分析散热器风扇不工作导致冷却液温度过高的原因。

（2）在图4-39～图4-42上，用彩笔画出鼓风机控制电路，分析鼓风机只有高速挡（4挡）而没有低挡（1、2、3挡）的原因。

（3）图4-45～图4-47为2014年款卡罗拉的空调电路图。运用所学知识，查阅维修资料，制订该车型电磁离合器不工作的诊断排除计划。

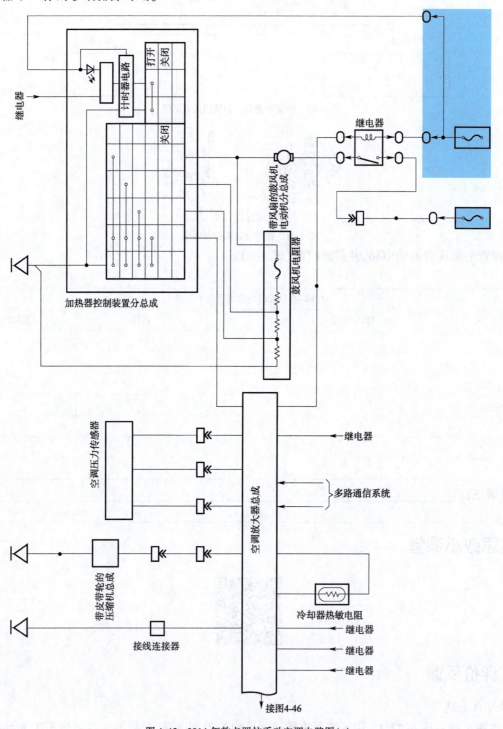

图4-45　2014年款卡罗拉手动空调电路图（a）

学习任务4　电磁离合器控制电路的故障诊断与排除

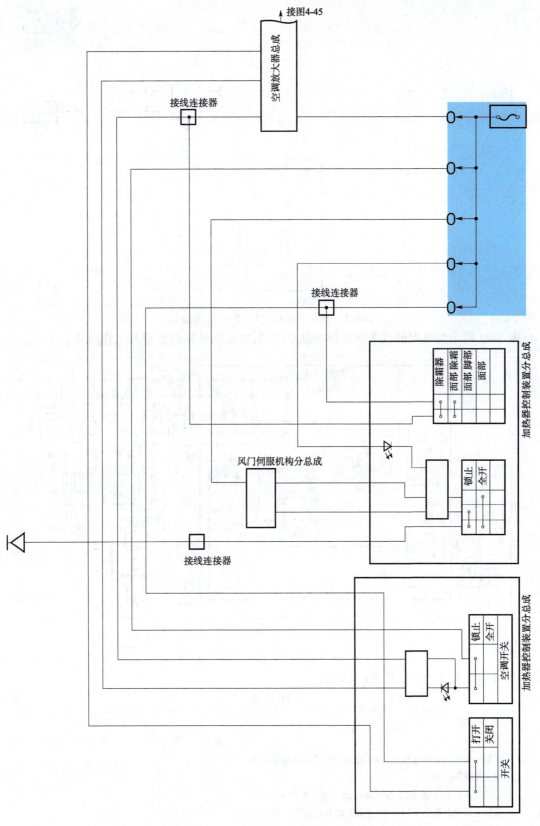

图 4-46　2014 年款卡罗拉手动空调电路图（b）

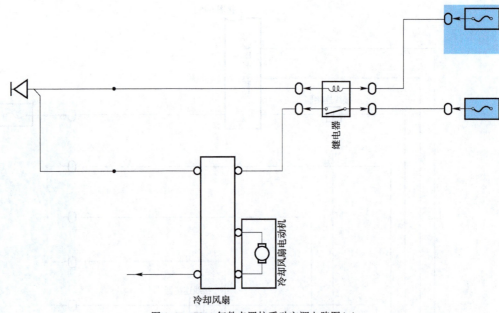

图4-47　2014年款卡罗拉手动空调电路图(c)

(4)图4-48所示为典型的汽车空调控制基本电路,根据所学知识分析其工作原理。

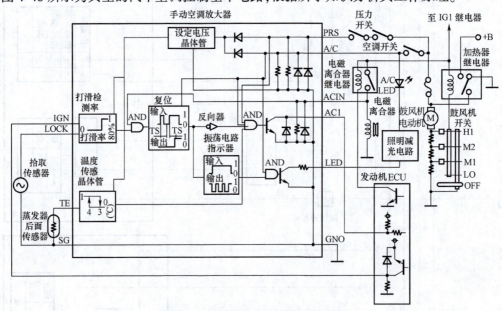

图4-48　典型的汽车空调控制基本电路图

2.学习目标达成度的自我检查(表4-2)

自 我 检 查 表　　　　　　　　　　　　　表4-2

序号	学习目标	完成情况		
		能	不能	如果不能,是什么原因
1	叙述电磁离合器电路及其元件的作用,看懂其电路图并能正确连接电路			
2	叙述鼓风机电路、散热器风扇电路及其元件的作用,以及与电磁离合器电路的关系,并能看懂其电路图和能正确连接电路			

续上表

序号	学习目标	完成情况		
		能	不能	如果不能,是什么原因
3	分析电磁离合器电路故障的原因			
4	小组合作,制订和实施压缩机电磁离合器不吸合的诊断计划			
5	分析鼓风机电路、散热器风扇电路故障的原因			

3. 日常表现性评价

(1) 工作页填写情况。(　　)

　　A. 填写完整　　　　B. 缺失 0~20%　　　C. 缺失 20%~40%　　　D. 缺失 40% 以上

(2) 工作着装是否规范?(　　)

　　A. 穿着校服(工作服),佩戴胸卡　　　　B. 校服或胸卡缺失一项

　　C. 偶尔会既不穿校服又不戴胸卡　　　　D. 始终未穿校服、佩戴胸卡

(3) 能否主动参与工作现场的清洁和整理工作?(　　)

　　A. 积极主动参与 5S 工作　　　　B. 在组长的要求下能参与 5S 工作

　　C. 在组长的要求下能参与 5S 工作,但效果差　　D. 不愿意参与 5S 工作

(4) 升降汽车时,有无进行安全检查并警示其他同学?(　　)

　　A. 有安全检查和警示　　　　B. 有安全检查,无警示

　　C. 无安全检查,有警示　　　　D. 无安全检查,无警示

(5) 是否达到全勤?(　　)

　　A. 全勤　　　　B. 缺勤 0~20%(有请假)

　　C. 缺勤 0~20%(旷课)　　　　D. 缺勤 20% 以上

(6) 总体印象评价。(　　)

　　A. 非常优秀　　　B. 比较优秀　　　C. 有待改进　　　D. 急需改进

(7) 其他建议:

小组长签名:＿＿＿＿＿＿＿＿＿＿＿＿＿＿＿＿＿　　　＿＿＿年＿＿＿月＿＿＿日

4. 教师总体评价

(1) 对该同学所在小组整体印象评价。(　　)

　　A. 组长负责,组内学习气氛好

　　B. 组长能组织组员按要求完成学习任务,个别组员不能达成学习目标

　　C. 组内有 30% 以上的学员不能达成学习目标

　　D. 组内大部分学员不能达成学习目标

(2) 对该同学整体印象评价:

＿＿

＿＿＿。

教师签名:＿＿＿＿＿＿＿＿＿＿＿＿＿＿＿＿＿　　　＿＿＿年＿＿＿月＿＿＿日

学习任务 5　手动空调送风系统的检测与维修

三维目标

☞ **知识目标：**
　1. 叙述手动空调送风系统的组成和工作原理；
　2. 叙述采暖系统的组成和工作原理。

☞ **技能目标：**
　1. 分析送风系统和采暖系统工作不良导致汽车空调制冷不足的故障原因；
　2. 查阅维修手册，制订并实施送风系统和采暖系统的检测与维修计划。

☞ **素养目标：**
　1. 在作业过程中体验成功完成采暖系统检测与维修的成就感；
　2. 弘扬科学家精神，涵养优良学风，逐步养成勇于探索的科学精神和精益求精的工匠精神。

建议完成本学习任务为 6 学时

内容结构

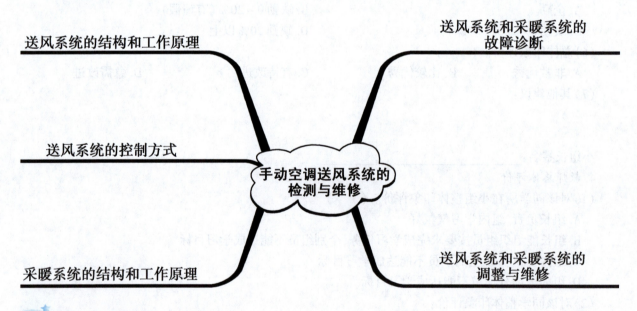

学习任务描述

车辆为手动空调，故障现象为制冷不足，经检测制冷系统和电路正常，请按专业角度检测和维修送风系统。

汽车空调的目的不仅是制冷与采暖，而是能在不断变化的外界环境下保持车内的温度、湿度等在一定的范围内,并保证车内有足够的新鲜空气量。空调送风系统就是将制冷、采暖、送风等有机地进行配合调节、输送和分配,形成舒适的车室内环境和合理的气流组织。

一、学习准备

1. 空调控制面板上设置有空气分配模式选择、空气内外循环选择、温度调节等功能键,这些功能是怎样实现的?

图 5-1 所示为送风系统的整体外观图,包括冷却机组、加热机组(包括除霜送风)、鼓风机组(包括新鲜空气与换气)三部分。送风系统能实现新鲜空气和内部空气之间的进气切换,净化空气并控制风量;冷却机组控制送风的温度和湿度;加热机组控制送风温度和除霜送风等。

1)手动空调控制面板

认识手动空调控制面板的各功能键,如图 5-2 所示:实现空气分配模式功能的是旋钮_____,实现空气内外循环选择功能的是旋钮_____,实现温度调节功能的是旋钮_____。

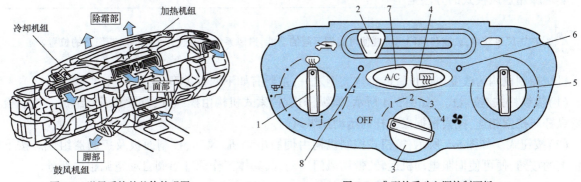

图 5-1 送风系统的整体外观图　　图 5-2 典型的手动空调控制面板

2)送风系统的工作原理

图 5-3 所示为典型送风系统的结构图,用彩笔分别描出内外循环控制门、空气混合门、模式分配门。

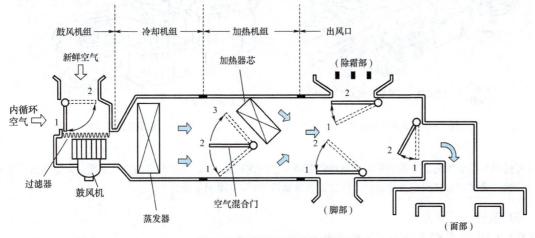

图 5-3 典型送风系统的结构图

送风系统的空气流向:新鲜空气与车内循环空气→_____→_____冷却→_____→进入各送风口。

实现各功能的方法是:

(1)实现切换空气内/外循环功能的方法。

实现空气内循环的方法是_____。

实现空气外循环的方法是_____。

(2)实现调节送风温度和湿度功能的方法。

蒸发器和加热器芯同时工作,若空气混合门置于位置1,此时的送风温度_____(最冷/最热);若空气混合门至于位置3,此时的送风温度_____(最冷/最热);若空气混合门至于位置2,此时的送风温度_____。

空气混合门除有调节温度的作用外,还可调节空气的湿度,其工作原理是_____
_____
_____。

(3)实现选择送风模式功能的方法。

实现面部送风模式的方法是_____。

实现脚部送风模式的方法是_____。

实现除霜送风模式的方法是_____。

2. 在送风系统中,改变各风门的位置便可实现不同的功能,送风系统是通过什么机构改变风门的位置?

机械控制机构为改变风门位置的机构类型之一,主要有如下两种类型。

(1)操纵杆式/拉索式。如图5-4所示,操纵杆式/拉索式机构由操纵杆、拉索和风门组成。控制板上的操纵杆与拉索相连,拉索根据操纵杆的运动操纵风门。

(2)按钮式。如图5-5所示,按钮式控制机构由伺服电动机、风门、控制面板及控制器组成。按下操纵板上的按钮,便可使伺服电动机运转,带动风门运动,其具体工作原理参阅自动空调相关部分。

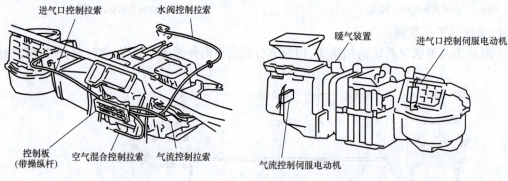

图5-4 拉索式控制机构　　　　　　图5-5 按钮式控制机构

3. 送风系统的作用之一是调配制冷系统和采暖系统的送风量,以调节送风口的出风温度。采暖系统是如何工作的?当送风系统出现故障后会导致空调系统制冷不足,其原因是什么?

1)采暖系统

如图5-6所示,采暖系统的工作原理是_____
_____
_____
_____
_____。

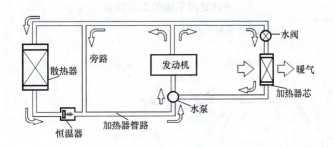

图 5-6　采暖系统的工作原理图

见表 5-1，采暖系统的控制有空气混合型（图 5-7）和流量控制型（图 5-8）两种形式，请分析它们调节温度的方法。

分析采暖系统调节温度的方法　　　　　　　　　　　　　　　　表 5-1

采暖系统的控制形式	调节温度的方法
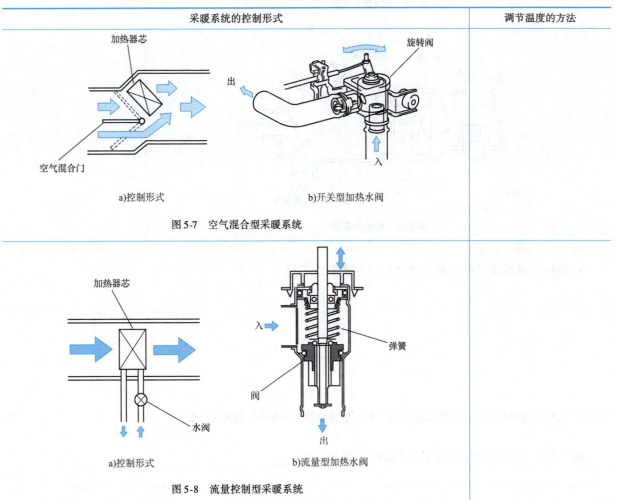 图 5-7　空气混合型采暖系统	
图 5-8　流量控制型采暖系统	

2) 送风口温度控制

在送风系统中，送风口风量的调节是通过_____实现的，冷风来自_____，暖风来自_____。

见表 5-2，送风口温度控制有空气混合系统（图 5-9）和再加热系统（图 5-10）两种形式，请分析两者的工作特点。

分析送风系统的工作特点 表 5-2

送风口温度控制形式	工作特点
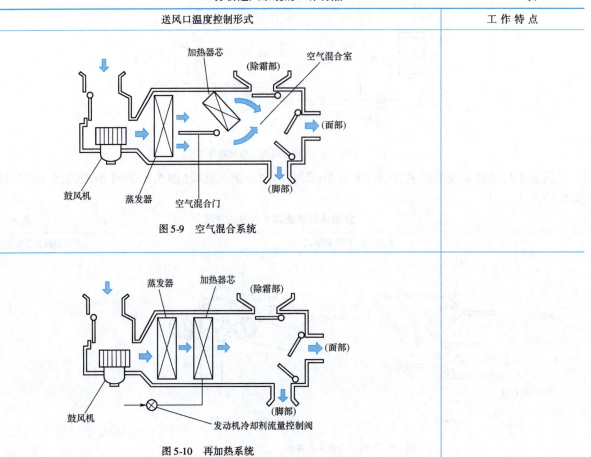 图 5-9 空气混合系统 图 5-10 再加热系统	

3)分析送风系统出现何种故障会导致空调制冷不足

4.汽车空调都设有空气净化系统,该系统对制冷效果有影响吗？原因是什么？

观察所维修车辆的空调空气过滤器的安装位置在_____
_____
_____。

汽车空调的净化系统如图 5-11 所示,主要由空气过滤器组成,安装在鼓风机组的风扇上部。

空气过滤器用来过滤空气中的花粉、灰尘及其他杂质,净化车厢中的再循环空气和新鲜空气。若空气过滤器上的花粉、灰尘等过多将导致空调制冷不足,因此空气过滤器需定期清洁或更换。导致空调制冷不足的原因是＿＿。

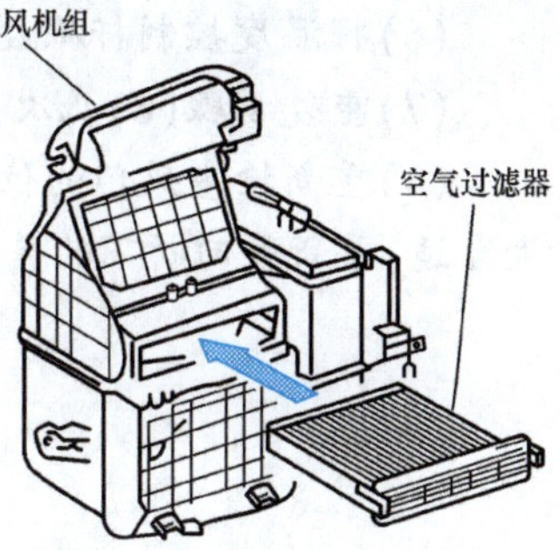

图 5-11 净化系统

二、计划与实施

 5. 送风系统导致空调制冷不足的主要原因有:加热水阀关闭不严实、空气混合门失效及空气过滤器过脏等。查阅维修资料,制订诊断计划并实施。

 小提示

加热水阀关闭不严将导致空调任何时候都有暖风。

1) 直观检查

在对暖风系统或送风系统进行故障诊断时,应首先进行直观检查。以下是直观检查应包括的内容:
(1) 如果送风系统的壳体和通风管路有响声,应检查壳体是否有裂纹、破碎或连接松动。
(2) 如果真空管有响声,应检查真空管是否脱落、损坏或者弯折。
(3) 如果气流受阻碍,应检查模式风门是否打开,还需检查风窗玻璃下面的新鲜空气入口是否有树叶或其他异物堵塞气流等现象。
(4) 检查模式风门控制拉索是否松动、折断、卡住。

2) 故障的诊断计划:

 6. 若诊断结果为空气混合门调整不当导致空调制冷不足。根据下列提示制订调整空气混合门的计划并实施。

 小提示

进行空气混合门的调整时,不同的车型调整步骤也不同,以下为典型的手动空调空气混合门的调整方法:
(1) 如图 5-12 所示,拆下盖板或有关部件,以便能够接近空气混合门。
(2) 松开在暖风壳体总成上的固定卡环。
(3) 检查拉索安装是否合适,以防拉索被卡住,确保拉索运动自如。
(4) 将温度控制杆保持在最大制冷位置固定不动。
(5) 固定拉索的固定卡环。

(6)将温度控制杆从最大制冷位置移至最大供暖位置,再移回最大制冷位置。

(7)重复步骤(6)几次,检查运动是否自如。

(8)重新检查风门的位置,如果拉索过松或风门位置不正确,重复上述步骤(3)~(7)。如果风门位置合适,重新装回拆下的盖板和其他部件。

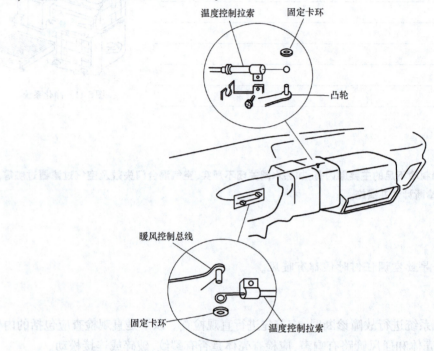

图 5-12　空气混合门拉索调整

维修车辆的空气混合门的调整步骤：

7. 手动空调加热水阀的常见类型有拉索式(图 5-13)。若诊断结果为加热水阀关闭不严导致空调制冷不足,查阅维修资料,制订调整或更换加热水阀的计划并实施。

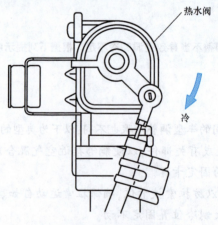

图 5-13　拉索式加热水阀

三、思政小课堂

四、评价反馈

1. 学习自测题

（1）送风系统的作用，见表5-3，请分别说明是如何实现该功能的？

送风系统的作用　　　　　　　　　　　　　　　　　　　　　　　　表 5-3

送风系统的作用	如何实现功能
控制送风风量	
切换新鲜/再循环空气入口	
净化空气	
控制湿度	
控制送风口温度	
选择送风模式	

（2）运用所学知识，分析空调不采暖的故障原因，并制订其诊断维修计划。

（3）运用所学知识，分析送风模式不受控制的故障原因，并制订其诊断维修计划。

2. 学习目标达成度的自我检查（表5-4）

自 我 检 查 表　　　　　　　　　　　　　　　　　　　　　　表 5-4

序号	学习目标	完成情况		
		能	不能	如果不能，是什么原因
1	叙述手动空调送风系统的组成和工作原理			
2	叙述采暖系统的组成和工作原理			
3	分析送风系统和采暖系统工作不良导致汽车空调制冷不足的故障原因			
4	制订并实施送风系统和采暖系统的检测与维修计划			

3. 日常表现性评价

(1) 工作页填写情况。（　　）
  A. 填写完整　　　　B. 缺失 0 ~ 20%　　　　C. 缺失 20% ~ 40%　　　　D. 缺失 40% 以上

(2) 工作着装是否规范？（　　）
  A. 穿着校服（工作服），佩戴胸卡　　　　B. 校服或胸卡缺失一项
  C. 偶尔会既不穿校服又不戴胸卡　　　　D. 始终未穿校服、佩戴胸卡

(3) 能否主动参与工作现场的清洁和整理工作？（　　）
  A. 积极主动参与 5S 工作　　　　B. 在组长的要求下能参与 5S 工作
  C. 在组长的要求下能参与 5S 工作，但效果差　　　　D. 不愿意参与 5S 工作

(4) 升降汽车时，有无进行安全检查并警示其他同学？（　　）
  A. 有安全检查和警示　　　　B. 有安全检查，无警示
  C. 无安全检查，有警示　　　　D. 无安全检查，无警示

(5) 是否达到全勤？（　　）
  A. 全勤　　　　B. 缺勤 0 ~ 20%（有请假）
  C. 缺勤 0 ~ 20%（旷课）　　　　D. 缺勤 20% 以上

(6) 总体印象评价。（　　）
  A. 非常优秀　　　　B. 比较优秀　　　　C. 有待改进　　　　D. 急需改进

(7) 其他建议：

小组长签名：_____　　　　_____年_____月_____日

4. 教师总体评价

(1) 对该同学所在小组整体印象评价。（　　）
  A. 组长负责，组内学习气氛好
  B. 组长能组织组员按要求完成学习任务，个别组员不能达成学习目标
  C. 组内有 30% 以上的学员不能达成学习目标
  D. 组内大部分学员不能达成学习目标

(2) 对该同学整体印象评价：
_____
_____
_____。

教师签名：_____　　　　_____年_____月_____日

学习任务6　自动空调电控系统的检测

三维目标

☞ **知识目标：**
1. 叙述自动空调的特点和功能；
2. 叙述自动空调系统的组成，分析自动空调电控系统的工作原理；
3. 小组合作分析自动空调电路的工作原理。

☞ **技能目标：**
1. 在教师指导下实施自动空调自诊断的检测；
2. 查阅维修资料，制定排除自动空调电控系统故障的计划。

☞ **素养目标：**
1. 提升借助维修资料进行维修及学习能力；
2. 小组合作过程发挥团队合作精神，和睦相处，坚持合作共赢，坚持交流互鉴，与其他成员协同有效地工作。

建议完成本学习任务为12学时

内容结构

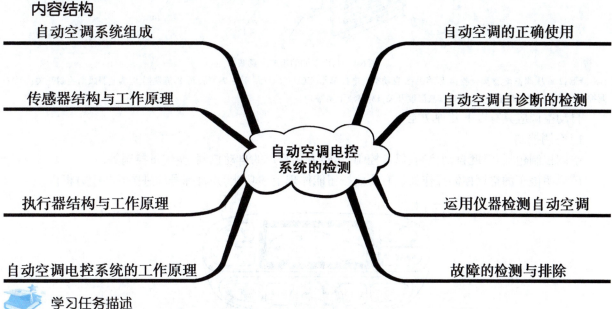

学习任务描述

目前在中高级轿车上均装备自动空调，请按专业要求检测自动空调电控系统。

汽车自动空调是指采用了计算机控制系统，真正实现了空调的自动控制。自动空调系统不仅能按照乘员的需要送出最适宜温度的风，而且可以根据实际需要调节风速、风量。自动空调的电控系统故障可通过自诊断或仪器检测,以快速进行故障诊断、分析和排除。

一、学习准备

1. 自动空调与手动空调的区别主要是在空调的控制系统。自动空调相对手动空调有什么特点?自动空调应具有什么功能?

通过学习前面的任务,知道手动空调是通过人工手动设定_____、_____、_____和_____(请选择:A 压缩机的转速、B 风机转速、C 送风模式、D 空气循环方式、E 送风温度、F 发动机转速),空调系统不能自动根据车内、外环境温度与太阳辐射的变化来调整工作状态。

如图 6-1 所示,自动空调比手动空调增加了很多传感器和执行器。与手动空调不同的是,自动空调的各个传感器独立将信号传送至自动空调电控单元(ECU),控制系统根据事先设定好的程序,识别这些信号,从而独立地控制一个以上的执行器,使车内的空气温度和质量达到最佳的状态。最先进的汽车空调系统还可以根据车内不同乘客的不同要求,在车厢内部营造出适合每个人不同的温区。

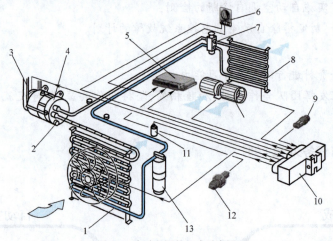

图 6-1 自动空调的组成示意图

1-冷凝器;2-卸压阀;3-电磁离合器;4-压缩机;5-自动空调电控单元(ECU);6-空调开关;7-膨胀阀;8-蒸发器;9-蒸发器风扇控制开关;10-空调控制开关;11-空调高压开关;12-冷却湿度开关;13-储液干燥器

自动空调应具有以下几种功能。

1)空调控制

空调控制包括:温度自动控制、风量控制、运转方式给定的自动控制、换气量控制等。

请说明该车的空调控制操作面板有哪些按钮能体现上述功能,并将标号填进图 6-2 中方框内。

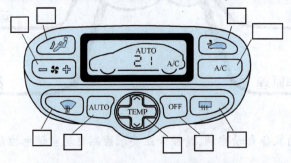

图 6-2 典型的自动空调操作面板

1-温度调节按钮;2-自动空调启动钮;3-气流量控制;4-空调启动开关;5-车内空气分配控制;6-气流量控制;7-进气控制;8-空调关闭开关;9-后风窗除霜控制

2)节能控制

节能控制包括:压缩机运转控制、换气量的最适量控制以及随温度变化的换气切换、自动转入经济运行、根据车内外温度自动切断压缩机运转等。

3)故障、安全报警

故障、安全报警包括:制冷剂不足报警、制冷剂压力过高或过低报警、离合器打滑报警、各种传感器和执行器的故障判断报警等。

4)故障诊断存储

汽车空调系统发生故障时,电控单元(ECU)将故障部位用代码的形式存储起来,在需要修理时指示故障的部位。

5)显示

包括显示给定的温度、控制温度、控制方式、运转方式的状态等。

2. 自动空调从系统结构上分有制冷系统、采暖系统、送风系统和空调电控系统四部分,各部分由什么组成?

图6-3所示为自动空调各元件的安装位置。查阅维修资料,在维修车辆上查找自动空调各元件的安装位置:

安装于汽车仪表板下方的空调系统部件有_____、_____、_____和_____等;

安装于汽车发动机舱内的空调系统部件有_____、_____、_____和_____。

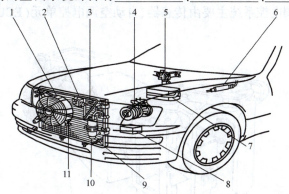

图6-3 自动空调各元件的安装位置

1-冷凝器风扇;2-烟雾换气传感器;3-压力开关(或压力传感器);4-压缩机;5-水阀;6-EPR;7-发动机1号接线盒;8-发动机2号接线盒;9-冷却液温度开关;10-冷凝器;11-环境温度传感器

 小提示

如雷克萨斯LS400车辆空调系统中的蒸发器、送风电动机、膨胀阀、蒸发器温度传感器以及送风机电阻等组成冷却和送风机组件,位于汽车仪表板下方;压缩机、电动冷却风扇和冷凝器、储液干燥器(容器)等位于汽车发动机舱内。

1)自动空调的制冷系统

自动空调与手动空调的制冷系统组成基本一致:主要由压缩机、冷凝器、储液干燥器(集液器)、热力膨胀阀(节流管)、蒸发器、管路等组成。

2)自动空调的送风系统和采暖系统

自动空调送风系统、采暖系统与手动空调一样,都是将冷风、暖风、新鲜空气等有机的进行配合调节、输送和分配,送出舒适的空气,如图6-4所示。

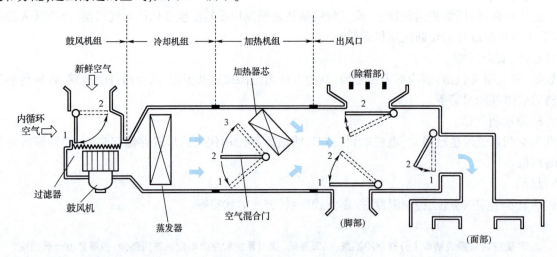

图6-4 典型送风系统的结构

自动空调的采暖系统与手动空调基本一致,但送风系统则有较大的不同。如图6-5和图6-6所示,自动空调风门的控制元件采用了_____。

3)自动空调的电控系统

如图6-7所示,自动空调电控系统主要由传感器、自动空调电控单元(ECU)和执行器组成。

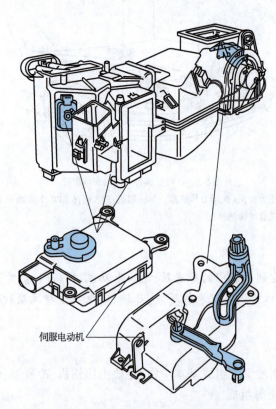

图6-5 自动空调的风门控制元件(伺服电动机)

学习任务6 自动空调电控系统的检测

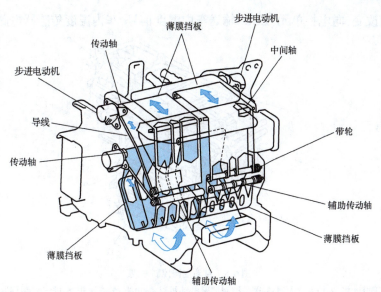

图 6-6 薄膜挡板型送风系统的结构

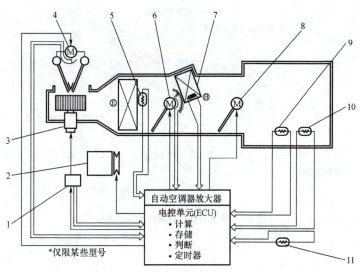

图 6-7 自动空调电控系统组成示意图

1-功率晶体管;2-压缩机;3-鼓风机电动机;4-进气控制伺服电动机;5-蒸发器传感器;6-空气混合控制伺服电动机;7-冷却液温度传感器;8-气流方式控制伺服电动机;9-车内气温传感器;10-光照传感器;11-车外气温传感器

结合相对应的实训车辆和维修手册,找出自动空调系统中的传感器和执行器。

①传感器有蒸发器传感器、_____、_____、_____和_____等。

②执行器有功率晶体管、压缩机、_____和_____等。

 3. 如图 6-8 所示,自动空调电控系统中有各种的传感器和执行器,这些元件是如何工作的?

1)传感器

图 6-9 所示为典型的自动空调传感器的位置图。

(1)车内温度传感器。

车内温度传感器是一个具有负温度系数的热敏电阻,一般安装在仪表板下端。当车内温度发生变化时,热敏电阻的阻值改变,向电控单元(ECU)输送车内温度信号,车内温度传感器电路如图6-10所示。

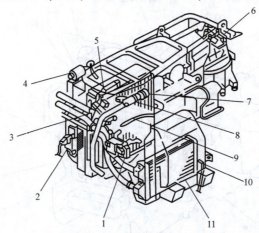

图6-8 自动空调控制总成

1-空气混合风门控制伺服电动机;2-功率放大器;3-送风控制伺服电动机;4-继电器;5-膨胀阀;6-进气控制伺服电动机;7-蒸发器;8-吸气器;9-蒸发器温度传感器;10-冷却液温度传感器;11-加热器散热器

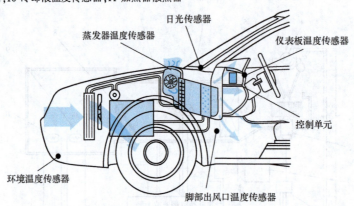

图6-9 典型的自动空调传感器位置图

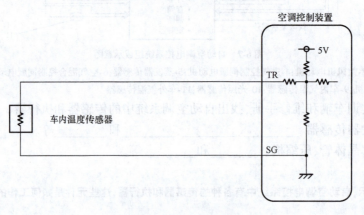

图6-10 车内温度传感器电路

请参阅维修手册,结合具体实训车辆,查看该传感器的安装位置在_____;控制连接线的颜色分别是_____和_____。

出现故障时的故障码是_____。

学习任务6　自动空调电控系统的检测

小词典

传感器是一种把物理量或化学量转变成为电信号的器件。

(2) 环境温度传感器。

如图6-11所示,环境温度传感器一般安装在前保险杠的下端。环境温度传感器也是一个负温度系数热敏电阻,输出信号是"TAM",环境温度传感器电路如图6-12所示。

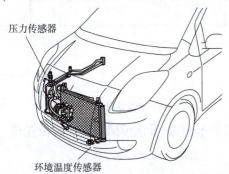

图6-11　环境温度传感器与压力传感器的安装位置图

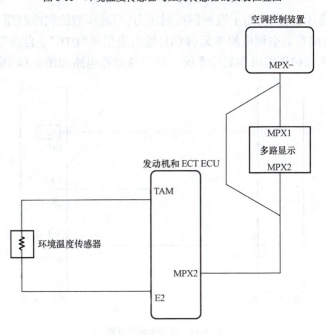

图6-12　环境温度传感器电路

请参阅维修手册,结合具体实训车辆,查看该传感器的安装位置在_____。

控制连接线的颜色分别是_____和_____。

出现故障时的故障码是_____。

(3) 蒸发器温度传感器。

蒸发器温度传感器也是一个负温度系数热敏电阻,安装在蒸发器壳体上,用以检测制冷装置内部的温度变化。当蒸发器周围温度发生变化时,传感器电阻的阻值随之改变,并向自动空调电控单元(ECU)输出电信号"TE",蒸发器温度传感器电路如图6-13所示。

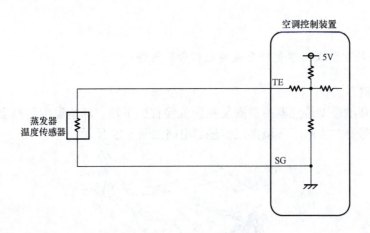

图 6-13 蒸发器温度传感器电路

请参阅维修手册,结合具体实训车辆,查看该传感器的安装位置在_____。
控制连接线的颜色分别是_____和_____。
出现故障时的故障码是_____。

(4)压力传感器。

压力传感器安装在高压侧管上,用于检测制冷剂压力,当高压侧的制冷剂压力过低(低于200kPa)或过高(高于3140kPa)时,向自动空调电控单元(ECU)输出电信号"DTC"。自动空调电控单元(ECU)根据该信号控制压缩机工作来保护压缩机和制冷系统。压力传感器电路如图6-14所示。

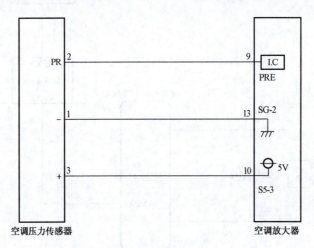

图 6-14 压力传感器电路

请参阅维修手册,结合具体实训车辆,查看该传感器的安装位置在_____。
控制连接线的颜色分别是_____、_____和_____。
出现故障时的故障码是_____。

(5)日光传感器。

日光传感器是一个光敏二极管,安装在汽车前风窗玻璃下面,如图6-15所示。利用光电效应,该传感器将阳光辐射程度转变成电信号"S5",输送给自动空调电控单元(ECU),日光传感器电路如图6-16所示。

图6-15 日光传感器安装位置

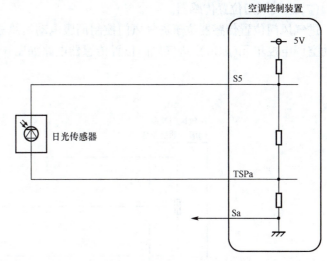

图6-16 日光传感器电路

请参阅维修手册,结合具体实训车辆,查看该传感器的安装位置在_____。

控制连接线的颜色分别是_____和_____。

出现故障时的故障码是_____。

(6)压缩机锁止传感器。

发动机每旋转一周即向发动机电控单元(ECU)发送4个脉冲。如果压缩机转速与发动机转速的比值比预设值小,则说明压缩机锁止或传动带打滑。此时自动空调电控单元(ECU)将关闭压缩机,且指示灯以约1s时间间隔闪烁,以保护空调系统。压缩机锁止传感器电路如图6-17所示。

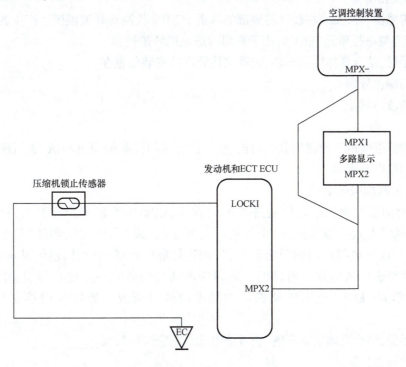

图6-17 压缩机锁止传感器电路

(7)进气风门位置传感器。

进气风门位置传感器位于进气风门控制伺服电动机总成内,用来检测进气风门位置并将信号发送至自动空调电控单元(ECU),进气风门位置传感器电路如图6-18所示。

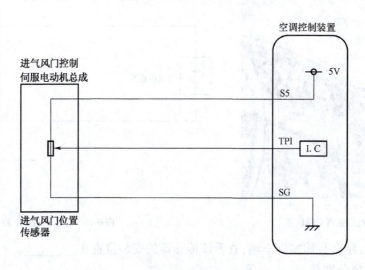

图6-18 进气风门位置传感器电路

请参阅维修手册,结合具体实训车辆,查看该传感器的安装位置在_____。

控制连接线的颜色分别是_____和_____。

出现故障时的故障码是_____。

(8)冷却液温度传感器。

冷却液温度传感器一般安装在暖气芯底部的水道上,用来检测冷却液温度。产生的冷却液温度信号"TW"输送给自动空调电控单元(ECU),用于低温时的风机转速控制。

请参阅维修手册,结合具体实训车辆,查看该传感器的安装位置在_____。

控制连接线的颜色分别是_____和_____。

出现故障时的故障码是_____。

2)执行元件

执行器主要包括进气风门控制伺服电动机、空气混合风门控制伺服电动机、送风模式控制伺服电动机和最冷风控制伺服电动机等。

(1)进气风门控制伺服电动机。

进气风门控制伺服电动机用来控制进气风门方式,电动机的转子经连杆与进气风门相连。当驾驶人使用进气风门方式控制键选择"车外新鲜空气导入"或"车内空气循环"模式时,自动空调电控单元(ECU)控制进气风门控制伺服电动机,带动连杆顺时针或逆时针旋转,从而带动进气风门闭合或开启,达到改变进气风门方式的目的。该伺服电动机内装有一个电位计,随电动机转动,并向自动空调电动控单元(ECU)反馈电动机活动触点的位置情况。进气风门控制伺服电动机电路如图6-19所示。

请参阅维修手册,结合具体实训车辆,查看该电动机的安装位置在_____。

控制连接线的颜色分别是_____和_____。

出现故障时的故障码是_____。

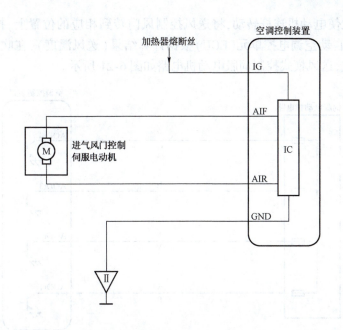

图6-19 进气风门控制伺服电动机电路

(2) 空气混合风门控制伺服电动机。

进行温度控制时,自动空调电控单元(ECU)首先根据驾驶人设置的温度及各传感器输送的信号,计算出所需要的送风温度,控制空气混合风门控制伺服电动机连杆顺时针或逆时针转动,改变空气混合风门的开启角度,从而改变冷、暖风的混合比例,调节送风温度与计算值相符。电动机内电位计的作用是向自动空调电控单元(ECU)输送空气混合风门的位置信号,空气混合风门控制伺服电动机电路如图6-20所示。

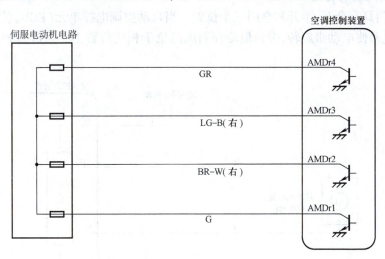

图6-20 空气混合风门控制伺服电动机电路

请参阅维修手册,结合具体实训车辆,查看该电动机的安装位置在_____。
控制连接线的颜色分别是_____和_____。
出现故障时的故障码是_____。

(3) 送风模式控制伺服电动机。

当按下操纵面板上某个送风模式键时,自动空调电控单元(ECU)使电动机上的相应端子搭铁,而电动机内的驱动电路据此使电动机连杆转动,将送风控制风门转到相应的位置上,打开某个送风通道。当按下"自动控制"键时,自动空调电控单元(ECU)根据计算结果(送风温度),在吹脸、吹脸脚和吹脚三者之间自动改变送风模式,送风模式控制伺服电动机电路如图6-21所示。

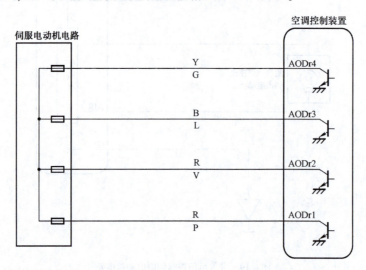

图6-21 送风模式控制伺服电动机电路

请参阅维修手册,结合具体实训车辆,查看该电动机的安装位置在_____。
控制连接线的颜色分别是_____和_____。
出现故障时的故障码是_____。

(4)最冷风控制伺服电动机。

该电动机的风门具有全开、半开和全闭三个位置。当自动空调电控单元(ECU)使某个位置的端子搭铁时,电动机驱动电路使电动机旋转,带动最冷控制风门位于相应位置上。最冷风控制伺服电动机电路如图6-22所示。

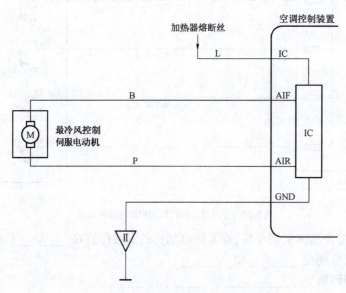

图6-22 最冷风控制伺服电动机电路

请参阅维修手册,结合具体实训车辆,查看该电动机的安装位置在_____。

控制连接线的颜色分别是_____和_____。

出现故障时的故障码是_____。

> **学习拓展**

1. 新型的带总线的伺服电动机控制

如图 6-23 所示,总线连接器有一个内置的通信/驱动器集成电路,与各伺服电动机连接器通信,驱动伺服电动机,并具有位置检测功能。这使得伺服电动机线束能够进行总线通信,结构更轻而且线束数量更少。

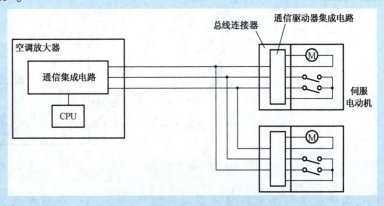

图 6-23 带总线的伺服电动机控制方式

和以往根据电位计电压来检测位置的类型不同,脉冲模式伺服电动机根据 2 位 ON/OFF 信号来检测相对位置。该电动机的正转和反转是根据能输出四种模式的两个相位 A 和 B 来检测的。空调放大器计算脉冲模式的次数来确定停止位置,如图 6-24 所示。

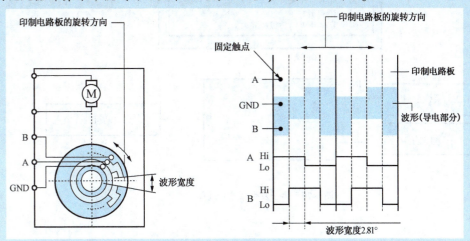

图 6-24 新型的位置传感器机构原理

2. 车内空气净化"离子发生器"

在部分车型装有离子发生器空气净化系统,该系统只有在离子发生器开关和鼓风机开关均打开时,离子发生器才开始工作。如图 6-25 所示,离子发生器通过将高电压作用在空气中收集到的水分来产生纳米水离子(nanoe),这种微小的水粒子可以对细菌和病毒的蛋白质进行反应,具有除臭和抑菌的功效。系统工作时这些离子通过驾驶人侧的通风口释放到车厢内以提供具有亲肤性的洁净空气。

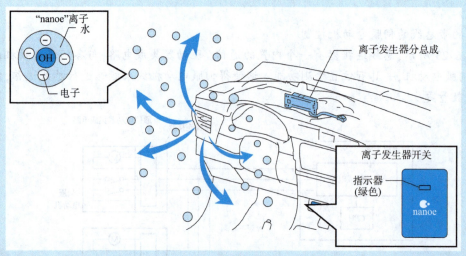

图 6-25 离子发生器

如图 6-26 所示，离子发生器总成由空调放大器控制，并且与带风扇电动机的鼓风机协同运行。

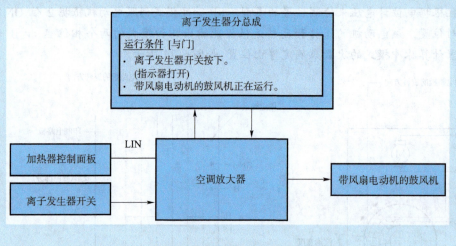

图 6-26 离子发生器控制过程

小提示

不要试图拆卸或维修离子发生器分总成，因为里面含有高电压部件。不要在驾驶人侧通风口处插入或栓系任何物品，或在其周围使用喷雾剂。这些可能导致离子发生器总成无法正常工作。另外，离子发生器工作时可能会听到轻微的噪声和释放少量臭氧，在某些情况下可能会隐约闻到臭氧的气味，这种气味与自然界森林中的现有含量大致相同，对人体并无危害。

学习任务6 自动空调电控系统的检测

4. 用彩笔在图 6-27～图 6-29 上画出各传感器和执行器的电路,小组合作分析该自动空调系统电路的工作原理。

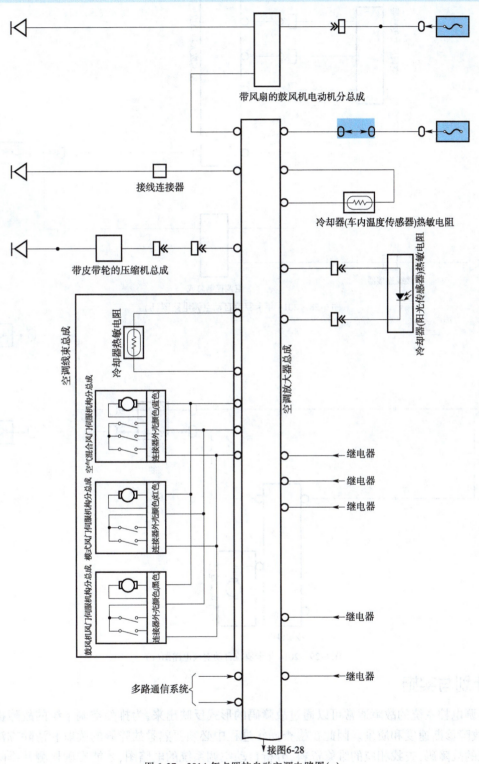

图 6-27　2014 年卡罗拉自动空调电路图(a)

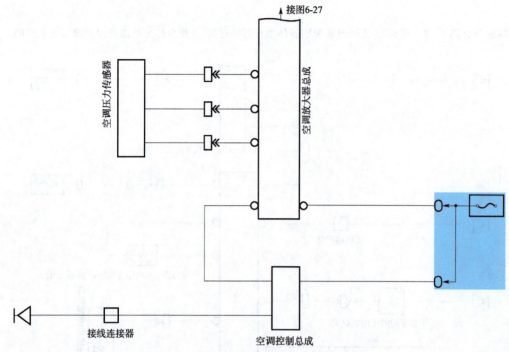

图6-28 2014年卡罗拉自动空调电路图(b)

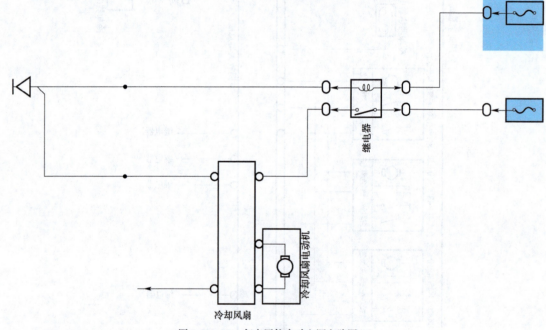

图6-29 2014年卡罗拉自动空调电路图(c)

二、计划与实施

自动空调电控系统的故障通常可以通过故障码的形式反映出来,为排除空调系统的故障提供主要的依据,提高故障诊断速度和质量。因此在检查操作过程中必须要熟悉故障码的读取和清除方法。通过读取空调系统的故障码,查找相应的维修资料,分析自动空调系统的电路图,才能准确检测并排除自动空调系统的故障。

5. 在教师指导下,向客户询问车辆的故障症状并完成空调系统检查表(表 6-1)。

空调系统检查表　　　　　　　　　　　表 6-1

客户姓名		登记号	
		登记年号	
		VIN 码	
车辆入厂日期		里程表读数	km
故障发生日期			
故障发生频率	□持续	□间歇(次/日)	
天气状况	□晴朗	□多云 □下雪	□多变/其他
车外温度	□炎热	□温暖 □凉爽	□寒冷(约 ℃)
症状	气流量控制故障	□鼓风机电动机不工作 □鼓风机转速不改变 (保持高速、或保持中速、或保持低速)	
	温度控制故障	□驾驶室温度不下降 □驾驶室温度不上升 □温度控制反应迟缓	
	进气控制故障	□内外循环空气之间不能改变 (保持在"新鲜空气"或保持在"循环空气")	
	通风控制故障	□通风模式不能改变 □不能转换至所需通风模式	
诊断码(故障码)调校核实	第一次	□正常码 □故障码(码)	
	第二次	□正常码 □故障码(码)	
表述故障现象			

 6. 就车检查空调系统是否能正常启动?

(1)预热发动机。
(2)检查下列条件时的怠速提升转速。
试验条件:
①鼓风机转速控制开关在 HI 位置。
②温度控制开关在 MAX COOL。
③换挡杆在空挡位置。
(3)根据发动机转速,判定空调的工作状况,并记录在表 6-2。

空调工作状况记录表　　　　　　　　　　　表 6-2

开 关 位 置	理论怠速	实际怠速	电磁离合器是否接合
OFF	(750±50)r/min		
"HI"和"MAX COOL"	(800±50)r/min		

小提示

如果怠速不符合规范,检查发动机怠速控制系统和进气系统。

7. 自动空调的自诊断是检测自动空调电控系统是否正常工作的一种有效方法,图 6-30 所示为典型自动空调的自诊断流程。请查阅维修资料,并按计划实施自动空调自诊断和记录检测结果。

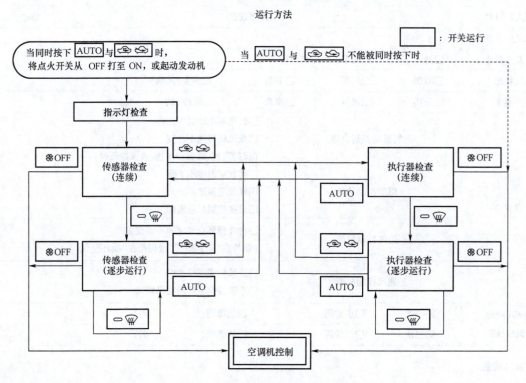

图 6-30　典型自动空调的自诊断流程

(1) 如图 6-31 所示,将点火开关置于 OFF(lock) 位置。

(2) 如图 6-32 所示,同时按下空调控制"AUTO"开关和 开关,并将点火开关置于 ON(IG) 位置。按住这两个开关,直到屏幕出现指示灯检查。

(3) 如图 6-33 所示,当激活面板诊断时,将自动执行指示灯检查,检查并确认指示灯每隔 1s 连续亮起和熄灭 4 次。

 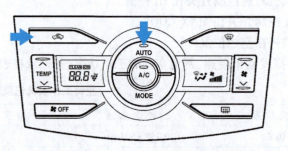

图 6-31　点火开关置于 OFF 位置　　　　图 6-32　进入自动空调自诊断程序

学习任务6 自动空调电控系统的检测

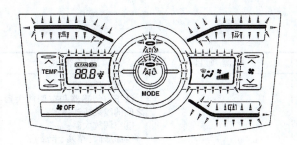

图6-33 自诊断激活面板

 小提示

指示灯检查完成后,传感器检查自动开始。

(4)如图6-34所示,指示灯检查完成后,系统自动进入DTC(诊断故障码)检查模式。

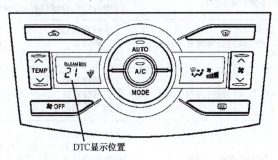

DTC显示位置

图6-34 进入DTC检查模式

读取记录在面板上显示的代码:＿＿＿＿＿＿＿＿＿＿＿＿＿＿＿。

学习拓展

如果同时存在多个故障,则按代码数字大小,从小到大的顺序依次显示故障码。故障码(DTC)含义可查询表6-3。

卡罗拉轿车故障码表　　　　　表6-3

DTC	检测项目	故障部位	存储器*4
B1411/11*1	车内温度传感器电路	①空调车内温度传感器; ②空调车内温度传感器和空调放大器之间的线束或连接器; ③空调放大器	存储 (8.5min或更长时间)
B1412/12*2	环境温度传感器电路	①环境温度传感器; ②环境温度传感器和组合仪表之间的线束连接器; ③组合仪表; ④CAN通信系统; ⑤空调线束	存储 (8.5min或更长时间)
B1413/13	蒸发器温度传感器电路	①空调线束; ②蒸发器温度传感器; ③空调放大器	存储 (8.5min或更长时间)
B1421/21*3	阳光传感器电路(乘客侧)	①阳光传感器; ②阳光传感器和空调放大器之间的线束或连接器; ③空调放大器	存储 (8.5min或更长时间) (只在电路短路时)

139

续上表

DTC	检测项目	故障部位	存储器*4
B1423/23	压力传感器电路	①压力传感器； ②压力传感器和空调放大器之间的线束或连接器； ③空调放大器； ④膨胀阀（堵塞、卡滞）； ⑤冷凝器（堵塞、由于污垢而引起的制冷性能下降）； ⑥冷却器干燥器（制冷剂循环的水分无法吸收）； ⑦冷却风扇系统（冷凝器无法冷却）； ⑧空调系统（泄漏、堵塞）	—
B1441/41	空气混合风门控制伺服电动机电路（乘客侧）	①空调放大器； ②空调线束； ③空气混合控制伺服电动机	存储 (30s)
B1442/42	进气风门控制伺服电动机	①空调放大器； ②空调线束； ③进气控制伺服电动机	存储 (30s)
B1443/43	出气风门控制伺服电动机	①空调放大器； ②空调线束； ③出气控制伺服电动机	存储 (30s)
B1451/51	压缩机电磁阀电路	①空调压缩机； ②空调放大器和外部可变排量压缩机电磁阀之间的线束或连接器； ③空调放大器	—
B1497/97	BUS IC 通信故障	①空调线束； ②空调放大器	存储 (10s 或更长时间)
B1499/99	多路通信电路	CAN 通信系统	存储

DTC：B1411/11，其中 B1411 是诊断仪查询的代码，11 则是控制面板显示的故障码。

①如果车内温度大约为 -18.6℃（-1.48℉）或更低，即使系统正常也可能输出 DTC B1411/11。

②如果环境温度大约为 -52.9℃（-63.22℉）或更低，即使系统正常也可能输出 DTC B1412/12。

③如果在黑暗处进行诊断检查，即使系统正常也可能输出 DTC B1421/21 或 B1424/24（阳光传感器电路异常）。

④如果在括号中指出的时间内出现故障，空调放大器存储各故障的 DTC。

（5）如图 6-35 所示，如果步骤因自动改变而难以读取，则按"DEF"（送风模式）开关可逐步显示步骤，便于读取。每按下"DEF"开关时，逐步显示项目。按下"OFF"开关结束面板诊断。

（6）如图 6-36 所示，按下 开关进行执行器检查。

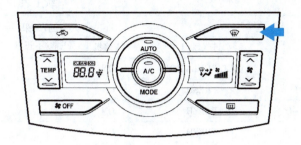 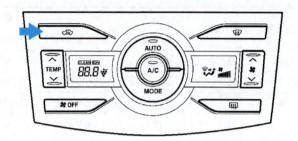

图 6-35　逐步显示的操作　　　　　　　　　图 6-36　执行器检查的操作

 小提示

发动机起动以后,一定要进行执行器检查。

(7)如图 6-37 所示,当执行器检查以 1s 的间隔重复执行步骤 1~10 时,通过目视和用手检查温度和气流。

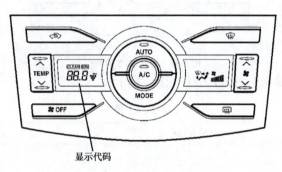

图 6-37　执行器检查的分步操作

 小提示

①在分步操作中,显示屏每隔 1s 闪烁一次。
②按下"OFF"开关结束面板诊断。
③按下"AUTO"开关,进入传感器检查模式。

(8)将执行器检查结果填写在表 6-4。

执行器检查结果　　　　　　　　　　表 6-4

步骤号	显示代码	条件					检查结果 正常/不正常
		鼓风机速度等级	空气混合风门	通风口	进气风门	压缩机	
1	0	0	0%开度	FACE	FRESH	OFF	
2	1	1	0%开度	FACE	FRESH	OFF	
3	2	17	0%开度	FACE	RECIRCULATION/FRESH	ON	
4	3	17	0%开度	FACE	RECIRCULATION	ON	
5	4	17	50%开度	B/L	RECIRCULATION	ON	

续上表

步骤号	显示代码	条件					检查结果 正常/不正常
		鼓风机速度等级	空气混合风门	通风口	进气风门	压缩机	
6	5	17	50%开度	B/L	RECIRCULATION	ON	
7	6	17	50%开度	FOOT	FRESH	ON	
8	7	17	100%开度	FOOT－0	FRESH	ON	
9	8	17	100%开度	F/D	FRESH	ON	
10	9	31	100%开度	DEF	FRESH	ON	

(9)如图6-38所示,清除DTC(故障码)。在检查传感器时,同时按下"FRONT DEF"开关和"REAR DEF"开关。

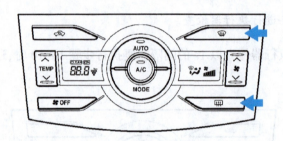

图6-38 清除DTC的操作

(10)小结填写故障码、异常执行器和分析原因(表6-5)。

小结记录　　　　　　　　　　　　　　　　　　　　　　　　　　表6-5

故障码	异常执行器	原因

三、思政小课堂

四、评价反馈

1. 学习自测题

(1)当自动空调电控系统出现故障时,除可用自诊断法检测外,还可以通过便携式测试仪(解码器)进行检测。查阅维修资料,制订使用解码器检测自动空调电控系统的计划并实施。

①连接诊断仪。

a. 如图6-39所示,用数据连接电缆连接解码器和DLC3连接器(诊断接口)。

b. 将点火开关转到 ON。
c. 将解码器电源开关打开。

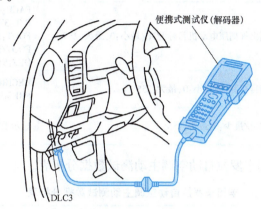

图 6-39　连接测试仪

②进入菜单,读取和记录故障码_____。

小提示

故障码(DTC)含义可查询表 6-3。
③清除故障码。
④读取数据流,表 6-6 为丰田卡罗拉自动空调数据流的含义。

丰田卡罗拉自动空调数据流的含义　　　　表 6-6

检测仪显示	测量项目/范围	正常状态	数据流
Room Temperature Sensor（车内温度）	车内温度传感器 / 最低: -6.5℃(20.3℉),最高:57.25℃(135.05℉)	显示实际的车厢温度	
Ambient Temp Sensor（环境温度传感器）	环境温度传感器 / 最低: -23.3℃(-9.94℉),最高:65.95℃(150.71℉)	显示实际的环境温度	
Adjusted Ambient Temp（环境温度）	调节后的环境温度/最低: -30.8℃(-23.44℉),最高:50.8℃(123.44℉)	—	
Evaporator Fin Thermistor（散热片温度）	蒸发器散热片热敏电阻/最低: -29.7℃(-21.46℉),最高:59.55℃(139.19℉)	显示实际的蒸发器温度	
Solar Sensor(D side)（驾驶人侧阳光传感器）	驾驶人侧阳光传感器 / 最小:0,最大:255	驾驶人侧阳光传感器数值随着亮度的增加而增加	
Engine Coolant Temp（冷却液温度）	发动机冷却液温度 / 最低: -1.3℃(-34.34℉),最高:90.55℃(194.99℉)	发动机暖机时,显示发动机冷却液的实际温度	
Set Temperature（D side）（驾驶人侧温度）	驾驶人侧设定温度/ 最低:0℃(32℉),最高:30℃(86℉)	显示驾驶人侧设定温度	
Blower Motor Speed Level（鼓风机速度等级）	鼓风机电动机速度等级/最小:0,最大:31	等级随鼓风机电动机速度的增加而增加(在0级和31级之间)	
Regulator Pressure Sensor（调节器压力传感器）	●调节器压力传感器/最小:0MPa,最大:3.825MPa ●调节器压力传感器/最小: -0.45668MPa,最大:3.29437MPa	显示实际的制冷剂压力	
Regulator Control Current（调节器控制电流）	压缩机可变输出电流/最小:0A,最大:0.997A	—	
Air Mix Servo Targ Pulse(D)（驾驶人侧空气混合脉冲）	驾驶人侧空气混合伺服电动机目标脉冲 / 最小:0,最大:255	MAX. COLD:92(脉冲) MAX. HOT:5(脉冲)	

续上表

检测仪显示	测量项目/范围	正常状态	数据流
Air Outlet Servo Pulse(D)（驾驶人侧出气脉冲）	驾驶人侧出气伺服电动机目标脉冲/最小:0,最大:255	FACE:47(脉冲) B/L:37(脉冲) FOOT:17(脉冲) FOOT/DEF:9(脉冲) DEF:5(脉冲)	
Air Inlet Damper Targ Pulse（进气风门目标脉冲）	进气风门目标脉冲/最小:0,最大:255	RECIRCULATION:19(脉冲) FRESH:7(脉冲)	
Number of Trouble Codes（故障码数量）	故障码数量/最少:0,最多:255	显示 DTC 的数量	

⑤主动测试,表6-7为丰田卡罗拉自动空调主动测试数据分析表。

丰田卡罗拉自动空调主动测试数据分析表　　　　　　表6-7

检测仪显示	测试部位	控制范围	测试结果
Blower Motor（鼓风机电动机）	鼓风机电动机速度等级	最小:0,最大:31	
Magnetic Clutch Relay（空调电磁离合器）	空调系统运行	OFF,ON	
Defogger Relay（Rear）（后除雾器继电器）	除雾器继电器(后)	OFF,ON	
Heater Active Level（加热器等级）	加热器工作等级	最小:0,最大:3	
Air Mix Servo Targ Pulse(D)（驾驶人侧空气混合脉冲）	驾驶人侧空气混合伺服电动机脉冲	最小:0,最大:255	
Air Outlet Servo Pulse(D)（驾驶人侧出气脉冲）	驾驶人侧出气伺服电动机脉冲	最小:0,最大:255	
Air Inlet Damper Targ Pulse（进气风门目标脉冲）	进气风门目标脉冲	最小:0,最大:255	

⑥根据故障码、异常数据流和主动测试数据分析故障(表6-8)。

分析故障　　　　　　表6-8

故障码	异常数据流	主动测试数据

小词典

便携式测试仪:又称手持式故障诊断仪或解码器、扫描仪等,主要用于直接与ECU联系,将存储在ECU中的故障码显示出来,并能将故障码从ECU中清除。

(2)通过检测,检测到自动空调电控系统的故障码为23。查阅维修资料,制订排除故障的计划。

2. 学习目标达成度的自我检查(表6-9)

自我检查表　　　　　　　表6-9

序号	学习目标	完成情况		
		能	不能	如果不能,是什么原因
1	叙述自动空调的特点、功能和组成,并能在车辆上找出自动空调的传感器和执行器			
2	分析自动空调电控系统的工作原理和电路图			
3	能实施自诊断进行检测自动空调电控系统和人工读取故障码			
4	能使用解码器检测自动空调电控系统			
5	根据故障码提示制订和实施维修计划			

3. 日常表现性评价

(1)工作页填写情况。(　　)

　　A. 填写完整　　　　B. 缺失 0～20%　　　　C. 缺失 20%～40%　　　　D. 缺失 40% 以上

(2)工作着装是否规范?(　　)

　　A. 穿着校服(工作服),佩戴胸卡　　　　B. 校服或胸卡缺失一项

　　C. 偶尔会既不穿校服又不戴胸卡　　　　D. 始终未穿校服、佩戴胸卡

(3)能否主动参与工作现场的清洁和整理工作?(　　)

　　A. 积极主动参与 5S 工作　　　　B. 在组长的要求下能参与 5S 工作

　　C. 在组长的要求下能参与 5S 工作,但效果差　　D. 不愿意参与 5S 工作

(4)升降汽车时,有无进行安全检查并警示其他同学?(　　)

　　A. 有安全检查和警示　　　　B. 有安全检查,无警示

　　C. 无安全检查,有警示　　　　D. 无安全检查,无警示

(5)是否达到全勤?(　　)

　　A. 全勤　　　　B. 缺勤 0～20%(有请假)

　　C. 缺勤 0～20%(旷课)　　　　D. 缺勤 20% 以上

(6)总体印象评价。(　　)

　　A. 非常优秀　　　　B. 比较优秀　　　　C. 有待改进　　　　D. 急需改进

(7)其他建议:

小组长签名:_____　　　　_____年____月____日

4. 教师总体评价

(1)对该同学所在小组整体印象评价。(　　)

　　A. 组长负责,组内学习气氛好

　　B. 组长能组织组员按要求完成学习任务,个别组员不能达成学习目标

　　C. 组内有 30% 以上的学员不能达成学习目标

　　D. 组内大部分学员不能达成学习目标

(2)对该同学整体印象评价：
_____
_____。

教师签名：_____　　　　　_____年_____月_____日

学习任务 7　制冷不足的故障诊断与排除

三维目标

☞ **知识目标：**
1. 记录客户关于汽车空调故障的表述；
2. 运用所学知识分析汽车空调制冷不足的原因。

☞ **技能目标：**
1. 查阅维修资料，制订汽车空调制冷不足故障的诊断与排除计划；
2. 根据工作计划进行故障诊断与排除，并对维修工作进行质量检验；
3. 运用所学知识分析汽车空调的典型故障。

☞ **素养目标：**
1. 在制定合理的维修方案过程中，体现诚实守信的契约精神，做出正确的伦理道德行为决策；
2. 弘扬中华传统美德，明大德、守公德、严私德，展现时代新风新貌，在开展故障诊断工作时做到精益求精，在客户服务接待时达成高度满意。

建议完成本学习任务为 12 学时

内容结构

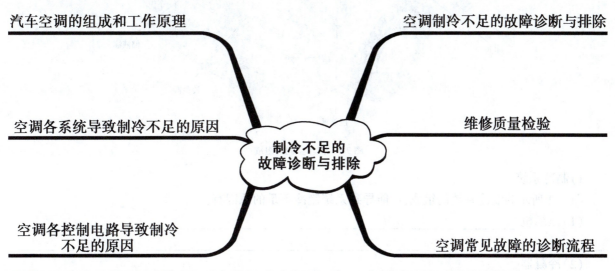

 学习任务描述

某车辆开空调后，客户反映其制冷不足，请检查和维修汽车空调。

汽车空调发生故障时，应按照一定的程序去查找并分析故障的原因，这样可以帮助人们有条不紊地进行故障诊断，从而既快速又准确地排除故障。汽车空调系统的故障主要有以下几类：不制冷故障、制冷不足故障、间歇性制冷故障和异响故障等。其主要表现为制冷系统、电气系统和机械元件出现异常,只有及时诊断和排除,才能保证或维持系统的正常运行。制冷系统的故障,经常用系统内部的压力进行分析,制冷效果、制冷剂泄漏也是分析故障的重要依据。

制冷不足是汽车空调常见的故障,其故障现象是:打开风机开关及 A/C 开关,用温度计在蒸发器送风口测量的温度高于5℃或车内温度高于正常的设定温度。

一、学习准备

1. 如图 7-1 所示,汽车空调由制冷系统、采暖系统、送风系统和空气净化装置组成,各系统可能会造成制冷不足的故障吗?其原因是什么?

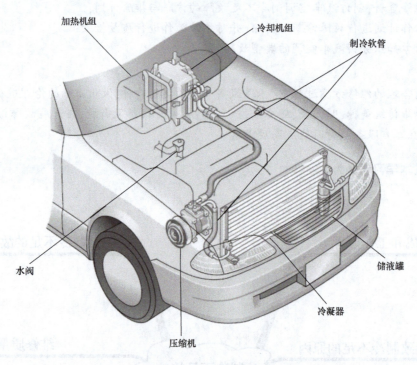

图 7-1 汽车空调的组成

1)制冷系统

图 7-2 所示为制冷系统的组成,可能导致系统制冷不足的原因有:

(1)压缩机_____

_____。

(2)冷凝器_____

_____。

(3)储液干燥器_____

_____。

(4)膨胀阀_____

_____。

(5)蒸发器_____
_____。
(6)其他原因_____
_____。

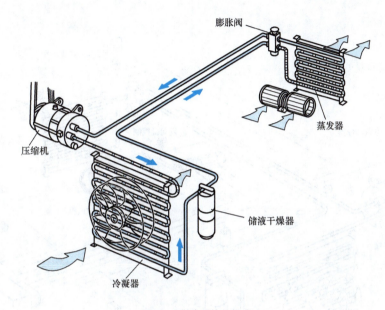

图7-2 制冷系统的组成

制冷系统的故障可通过什么方法进行诊断？

2)其他系统

图7-3所示为蒸发箱总成，包括采暖系统、送风系统、空气净化系统，各系统可能导致系统制冷不足的原因有：

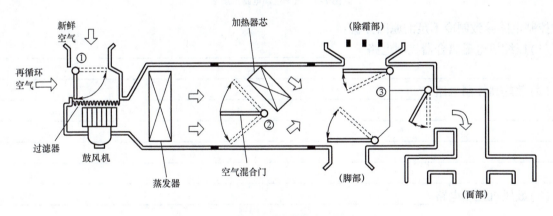

图7-3 蒸发箱总成

(1)采暖系统_____
_____。
(2)送风系统_____
_____。

(3)空气净化系统_____
_____。

2. 汽车空调系统故障主要分为制冷系统和电气系统故障。图 7-4 所示为汽车空调电路示意图,查阅维修资料（汽车空调电路图）,分析各控制电路可能造成制冷不足故障的原因?

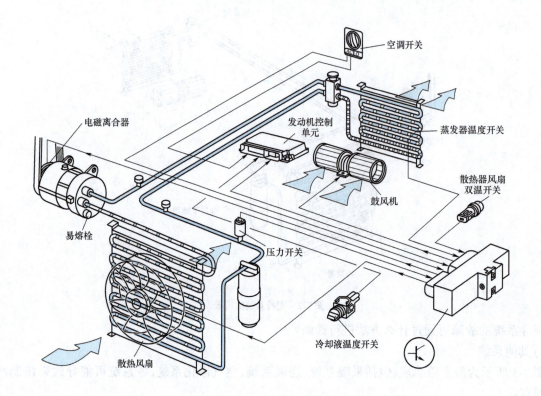

图 7-4　汽车空调电路示意图

控制电路导致制冷不足的原因分析：
(1)压缩机电磁离合器控制电路_____
_____。

(2)散热器控制电路_____
_____
_____
_____。

(3)鼓风机控制电路_____
_____
_____
_____。

3. 通过上面的分析可知,造成制冷不足主要有三个原因:风量不足、热交换器(蒸发器和冷凝器)热交换不足以及热空气混合或渗透。运用所学知识,分析制冷不足的原因,并完成图7-5。

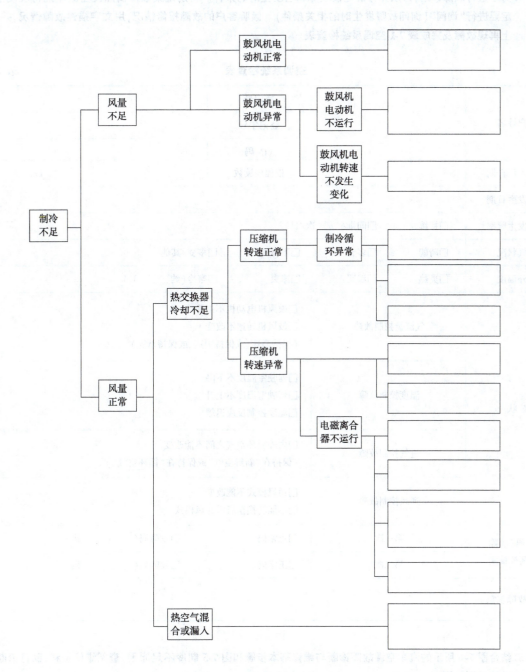

图 7-5 制冷不足的故障分析

二、计划与实施

4. 为了进行故障诊断,必须充分确定该故障和它发生时的条件。特别是某故障偶然发生或不能再次发生时,一定要进行"询问"(询问故障发生时的相关条件)。倾听客户的故障报修情况,用文字描述故障情况,并在车辆上再现故障及完成表7-1空调系统检查表。

空调系统检查表　　　　　　　　　　　　　　　　　　　　　　　表7-1

客户姓名		登记号		
		登记年号		
		VIN码		
车辆入厂日期		里程表读数		km
故障发生日期				
故障发生频率	□持续	□间歇(次/日)		
天气状况	□晴朗	□多云	□下雪	□多变/其他
车外温度	□炎热	□温暖	□凉爽	□寒冷(约　℃)
症状	气流量控制故障	□鼓风机电动机不工作 □鼓风机转速不改变 (保持高速、或保持中速、或保持低速)		
	温度控制故障	□驾驶室温度不下降 □驾驶室温度不上升 □温度控制反应迟缓		
	进气控制故障	□内外循环空气之间不能改变 (保持在"新鲜空气"或保持在"循环空气")		
	通风控制故障	□通风模式不能改变 □不能转换至所需通风模式		
诊断码(故障码)调校核实	第一次	□正常码	□故障码(　码)	
	第二次	□正常码	□故障码(　码)	
表述故障现象				

5. 结合图7-6所示的汽车空调故障诊断与维修基本步骤和图7-5制冷不足原因,查阅维修资料,制订诊断方案,并按计划实施。

(1)检查故障现象和进行诊断代码检查,如有必要进行执行器检查。根据检查结果确定诊断流程。

①鼓风机风量是否正常？_____(正常/不正常)。

学习任务7 制冷不足的故障诊断与排除

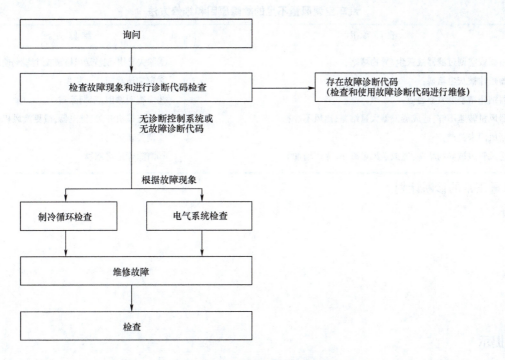

图7-6 汽车空调故障诊断与维修基本步骤

②查阅维修资料,制订并实施汽车空调自诊断的计划。

③若有故障诊断代码,根据故障码制订检修计划。

(2)若无故障诊断代码,分别制订风量不足和风量正常的诊断计划。
①风量不足的诊断计划。

小提示

汽车空调风量不足的故障原因和维修方法,见表7-2。

汽车空调风量不足的故障原因和维修方法　　　　　　　表7-2

故障原因	维修方法
①送风格栅或空调过滤器被灰尘、异物堵塞； ②蒸发器翅片被灰尘堵塞； ③蒸发器结霜堵塞蒸发器通道； ④蒸发器风机转速不够，造成蒸发器大量结霜，出风不冷； ⑤空调新风门未关严； ⑥空调送风管道被异物堵塞，造成送风量减小、噪声增加	①除去异物，清洗送风格栅或过滤器，使风道通畅； ②定期清除翅片上灰尘； ③应查明原因，定期除霜； ④检查风机开关、继电器，或更换风机； ⑤调整新风门； ⑥清除管道堵塞物

②风量正常的诊断计划。

小提示

汽车空调风量正常而制冷不足的原因和维修方法，见表7-3。

汽车空调风量正常而制冷不足的原因和维修方法　　　　　　　表7-3

故障原因	维修方法
①制冷剂过少，视液镜中有气泡，高低压力都偏低； ②制冷剂过多，视液镜中无气泡，停机后立即清晰，高低压力均偏高； ③系统中有空气，视液镜中有气泡，高低压侧压力都过高，压力表抖动厉害； ④系统中有水分，工作一段时间后，低压压力成真空状，膨胀阀结霜、冰堵，出风不冷，停机一会再开，工作又正常，不久又重复出现上述故障。这可能是真空未抽彻底，或漏入潮湿空气，或制冷剂、冷冻油中含有水分； ⑤系统中有脏物，低压侧呈现真空，高压侧压力很低，储液干燥器或膨胀阀前后管路上结霜或结露，出风不冷，关机后情况不能改善，可以确定是脏堵； ⑥压缩机损坏，内部有泄漏，表现为低压侧压力过高，高压侧压力过低，压缩机有不正常敲击声。这可能是压缩机阀片击碎、轴承损坏、密封垫破损； ⑦压缩机传动带过松，造成压缩机转速过低，出风不冷，并发出不正常的声音； ⑧压缩机离合器打滑，造成压缩机不能正常运转； ⑨冷凝器散热风量过小，造成高低压侧压力均过高； ⑩冷凝器翅片被灰尘堵塞，造成高压过高，散热效果不好； ⑪膨胀阀中的滤网堵塞，使吸气压力稍低，排气压力稍高； ⑫膨胀阀开度过大，表现为高低压力都过高，使过多的制冷剂流过蒸发器来不及完全蒸发； ⑬膨胀阀感温包有泄漏； ⑭膨胀阀感温包包扎不好，绝热层松开； ⑮温控开关调整不当； ⑯蒸发压力调节阀损坏或调节不当； ⑰系统中冷冻润滑油过多，视液镜中有混浊的条纹	①检漏、修补，重新加注制冷剂，直至气泡消失，压力读数正确； ②从低压侧放出多余制冷剂； ③更换储液干燥器、检漏、反复抽真空、加注制冷剂； ④更换储液干燥器、检漏、反复抽真空，重新加注制冷剂和冷冻润滑油； ⑤更换或清洗储液干燥器及膨胀阀滤网； ⑥修理或更换压缩机； ⑦张紧或更换传动带； ⑧卸下离合器修理或更换； ⑨检查风机转速是否正常，检查风速开关是否灵活； ⑩清理冷凝器上的灰尘； ⑪回收制冷剂，清洗或更换膨胀阀； ⑫调整或更换膨胀阀； ⑬更换膨胀阀； ⑭重新包扎好感温包； ⑮重新调整或更换温控开关； ⑯更换或重新调节蒸发压力调节阀； ⑰放出多余的冷冻润滑油

6. 运用所学知识,查阅维修资料,在符合环保和经济要求的前提下,制订故障排除的计划并实施。

三、思政小课堂

四、评价反馈

1. 学习自测题

(1)以下是造成汽车空调不制冷的主要原因。运用所学知识,分析汽车空调不制冷各种故障现象的原因并填写在表7-4中,制订其诊断计划。

造成汽车空调不制冷的主要原因有:①风机控制电阻器损失;②压缩机传动带过松或断裂;③储液干燥器内过滤器堵塞;④膨胀阀冰堵或脏堵;⑤风机开关损坏;⑥压缩机轴封损坏;⑦蒸发器泄漏;⑧制冷剂软管破坏或松动;⑨压缩机吸气阀损坏;⑩压缩机故障;⑪电磁离合器故障;⑫风机电动机损坏;⑬压缩机排气阀损坏,熔断丝烧断。

空调不制冷的现象和原因　　　　　　　　　　　　　表 7-4

汽车空调不制冷的故障现象	故障原因
打开风机开关和 A/C 开关,风量正常,但压缩机不工作,系统不制冷	
打开风机开关和 A/C 开关,压缩机转动,但风机不工作,系统无冷风	
打开风机开关和 A/C 开关,压缩机和鼓风机均正常,但不制冷	

 小提示

汽车空调不制冷的原因和维修方法,见表7-5。

空调不制冷的原因及维修方法　　　　　　　　　　　　表 7-5

检 查 故 障	维 修 方 法
①熔断丝烧断进行过热保护; ②断路器有故障; ③导线折断; ④电路断开; ⑤导线被腐蚀(高阻抗连接); ⑥离合器线圈有故障; ⑦离合器电刷组件有故障或磨损;	①检查压缩机过热原因,进行检修并更换熔断丝; ②有问题予以检修并更换断路器; ③修理和更换导线; ④重新连接电路; ⑤清洁和重新连接或更换接线柱; ⑥更换离合器线圈; ⑦更换电刷组件;

续上表

检查故障	维修方法
⑧风机电动机有故障,不能正常转动;	⑧更换风机电动机;
⑨温控开关有故障;	⑨更换温控开关;
⑩低压开关或高压开关有故障;	⑩更换低压开关或高压开关;
⑪压缩机传动带松动;	⑪张紧传动带,但不要过紧;
⑫传动带折断;	⑫更换传动带;
⑬压缩机吸气阀盘有故障;	⑬更换吸气阀盘和垫片;
⑭压缩机排气阀盘有故障;	⑭更换排气阀盘和垫片;
⑮压缩机机盖或阀盘垫片有裂缝;	⑮更换压缩机机盖和阀盘垫片;
⑯压缩机有故障;	⑯更换压缩机;
⑰制冷剂加注量不足或无加注制冷剂;	⑰确定泄漏部位并修理;
⑱管路或软管被堵(阻塞);	⑱清洁或更换管路或软管;
⑲膨胀阀入口滤网被堵;	⑲清洁滤网或更换膨胀阀;
⑳热力膨胀阀有故障;	⑳更换热力膨胀阀;
㉑节流管堵塞;	㉑清洁或更换节流管;
㉒储液干燥器滤网堵塞;	㉒更换储液干燥器;
㉓系统内湿气过多;	㉓更换储液干燥器,对系统抽真空并加注制冷剂;
㉔集液器滤网堵塞;	㉔更换集液器;
㉕吸气压力控制器有故障	㉕修理或更换控制器

(2)根据所学知识,列出汽车空调可能发生的故障并分析其原因。

2.学习目标达成度的自我检查(表7-6)

自我检查表　　　　　　　　　　　　　　　　表7-6

序号	学习目标	完成情况		
		能	不能	如果不能,是什么原因
1	叙述汽车空调常见的故障现象			
2	回顾制冷系统、采暖系统、送风系统和空气净化装置造成制冷不足故障的原因			
3	制订和实施汽车空调制冷不足故障的诊断与排除计划			
4	分析汽车空调的典型故障			

3.日常表现性评价

(1)工作页填写情况。(　　)

　　A.填写完整　　　　B.缺失0~20%　　　　C.缺失20%~40%　　　　D.缺失40%以上

(2)工作着装是否规范?(　　)

　　A.穿着校服(工作服),佩戴胸卡　　　　B.校服或胸卡缺失一项

　　C.偶尔会既不穿校服又不戴胸卡　　　　D.始终未穿校服、佩戴胸卡

(3)能否主动参与工作现场的清洁和整理工作？（　　）
　　A.积极主动参与5S工作　　　　　　　　B.在组长的要求下能参与5S工作
　　C.在组长的要求下能参与5S工作,但效果差　D.不愿意参与5S工作
(4)升降汽车时,有无进行安全检查并警示其他同学？（　　）
　　A.有安全检查和警示　　　　　　　　　B.有安全检查,无警示
　　C.无安全检查,有警示　　　　　　　　　D.无安全检查,无警示
(5)是否达到全勤？（　　）
　　A.全勤　　　　　　　　　　　　　　　B.缺勤0~20%(有请假)
　　C.缺勤0~20%(旷课)　　　　　　　　　D.缺勤20%以上
(6)总体印象评价。（　　）
　　A.非常优秀　　　B.比较优秀　　　C.有待改进　　　D.急需改进
(7)其他建议：

小组长签名：_____　　　　_____年_____月_____日

4.教师总体评价
(1)对该同学所在小组整体印象评价。（　　）
　　A.组长负责,组内学习气氛好
　　B.组长能组织组员按要求完成学习任务,个别组员不能达成学习目标
　　C.组内有30%以上的学员不能达成学习目标
　　D.组内大部分学员不能达成学习目标
(2)对该同学整体印象评价：
_____
_____
_____。

教师签名：_____　　　　_____年_____月_____日

参考文献

[1] 林振江.汽车空调实务——双色精品汽车教材[M].北京:人民交通出版社,2006.
[2] 陈立辉.汽车空调[M].北京:人民交通出版社,2004.
[3] 辛长平.汽车空调使用与维护200例[M].北京:人民交通出版社,2000.
[4] 上海景格软件开发有限公司.汽车空调构造与检修彩色图册[M].北京:人民交通出版社,2007.
[5] 田小农.汽车空调检修[M].北京:人民交通出版社,2007.
[6] B.H 德维金斯.汽车空调原理与维修[M].北京:机械工业出版社,2006.
[7] 林钢.汽车空调[M].北京:机械工业出版社,2007.
[8] 祁山.汽车空调[M].北京:机械工业出版社,2006.
[9] 梁荣光.空调维修技巧——汽车空调器[M].广州:广东科技出版社,2002.
[10] 一汽丰田汽车公司.丰田卡罗拉维修手册.2014.